SOMMARIO

pag. 5 — LETTERA DALLE CREATRICI

pag. 7 — L'AMORE IN UN CRISTALLO DI NEVE

pag. 12 — IL MISTERO DEL TACCUINO DI MR HARRY GRAY

pag. 16 — L'ATTESA DEL NATALE PUÒ ESSERE ANCORA PIÙ MAGICA CON L'ASCOLTO GIUSTO

pag. 21 — AGGANCI IMPERFETTI (PARTE 2)

pag. 27 — INDOVINA IL SUONO D'INVERNO

pag. 29 — A NATALE TUTTO PUÒ SUCCEDERE... SOPRATTUTTO AL CINEMA

pag. 33 — INTERVISTA A BABBO NATALE

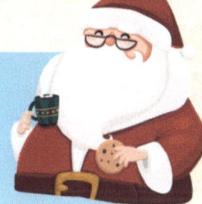

pag. 40 — GHIRLANDA DI ARANCE ESSICCATE

pag. 43 — IL RITUALE DI YULE: CELEBRAZIONE DEL SOLSTIZIO D'INVERNO

pag. 46 — LA LEGGENDA DEI TROLL

pag. 48 — THEO E CAMILLE E L'ALBERO DI NATALE PERFETTO

pag. 51 — LA FATA DELL'INVERNO

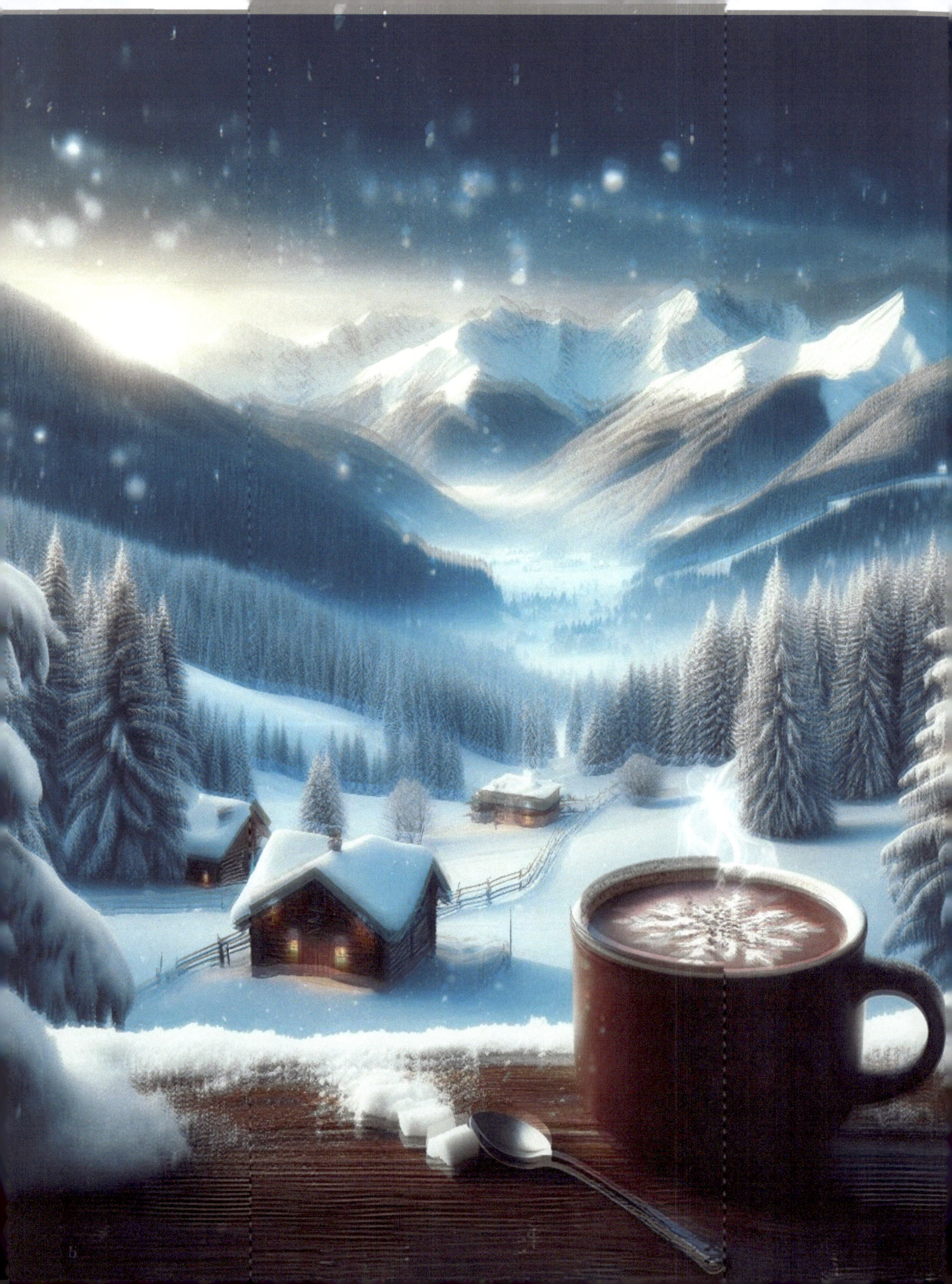

Redazione

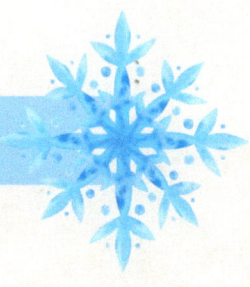

EDITOR-SCRITTRICE
Maria Grazia Porceddu
mariagraziaporceddu052@gmail.com

GRAFICA-SCRITTRICE
Rosa Caruso
janerosecaruso@yahoo.com

Collaboratori

EDITOR E SCRITTRICE
Serena La Manna
lamannaserena@gmail.com

STORICA DEL CINEMA
Chiara Ricci
chiararicci.nora@gmail.com

SCRITTRICE
Sara Petrolini
latteebiscottisp@gmail.com

SCRITTRICE E ILLUSTRATRICE
Chiara Vincenzi
chiaravincenzi@live.com

CREATIVA
Floriana Giliberto
florianagilbert@libero.it

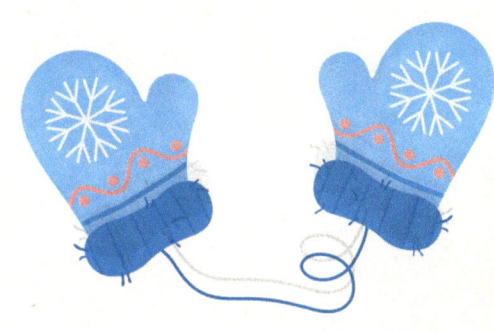

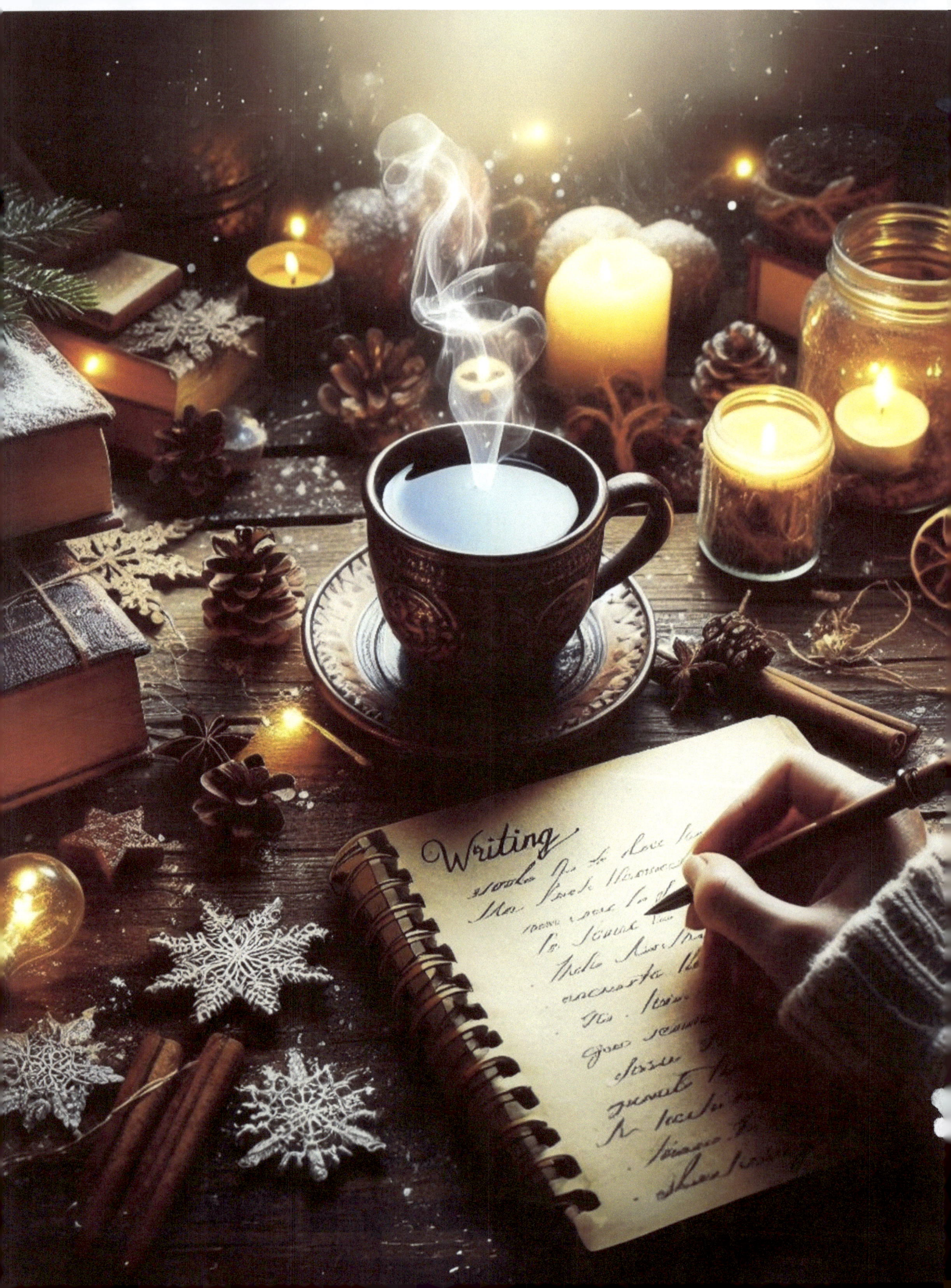

LETTERA DALLE
creatrici

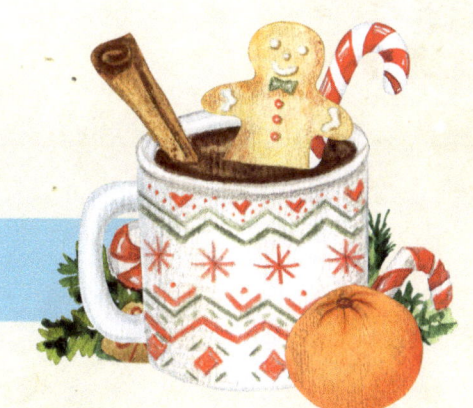

Cari lettori,

siamo entusiaste di presentarti il nuovo numero di Cozy Life Magazine, dedicato interamente alla magia dell'inverno!
In questo numero, abbiamo raccolto una serie di articoli, storie e idee creative che ti accompagneranno durante una meravigliosa stagione.
Tra le pagine del nuovo numero, troverai una speciale intervista a **Babbo Natale**! Scopri i segreti del suo laboratorio, le tradizioni e cosa significa per lui portare gioia in tutto il mondo. Un'esperienza da non perdere per grandi e piccini!
Non mancherà un nuovo racconto di **Miss Book**, un'avventura avvolta dalla neve e dal calore delle festività.

Siamo anche felici di dare il benvenuto a due nuove scrittrici nel nostro team! Una di loro esplorerà il mondo dei podcast, offrendoti consigli su come scegliere i migliori da ascoltare durante le lunghe serate invernali.
L'altra ci porterà nel fantastico universo del cinema, condividendo recensioni e suggerimenti su film da vedere con una tazza di cioccolata calda in mano.

Preparati a immergerti in atmosfere calde e accoglienti, a trovare ispirazione per la tua creatività e a scoprire storie che ti scalderanno il cuore.
Con affetto e entusiasmo,

*Le redattrici
di Cozy Life Magazine*

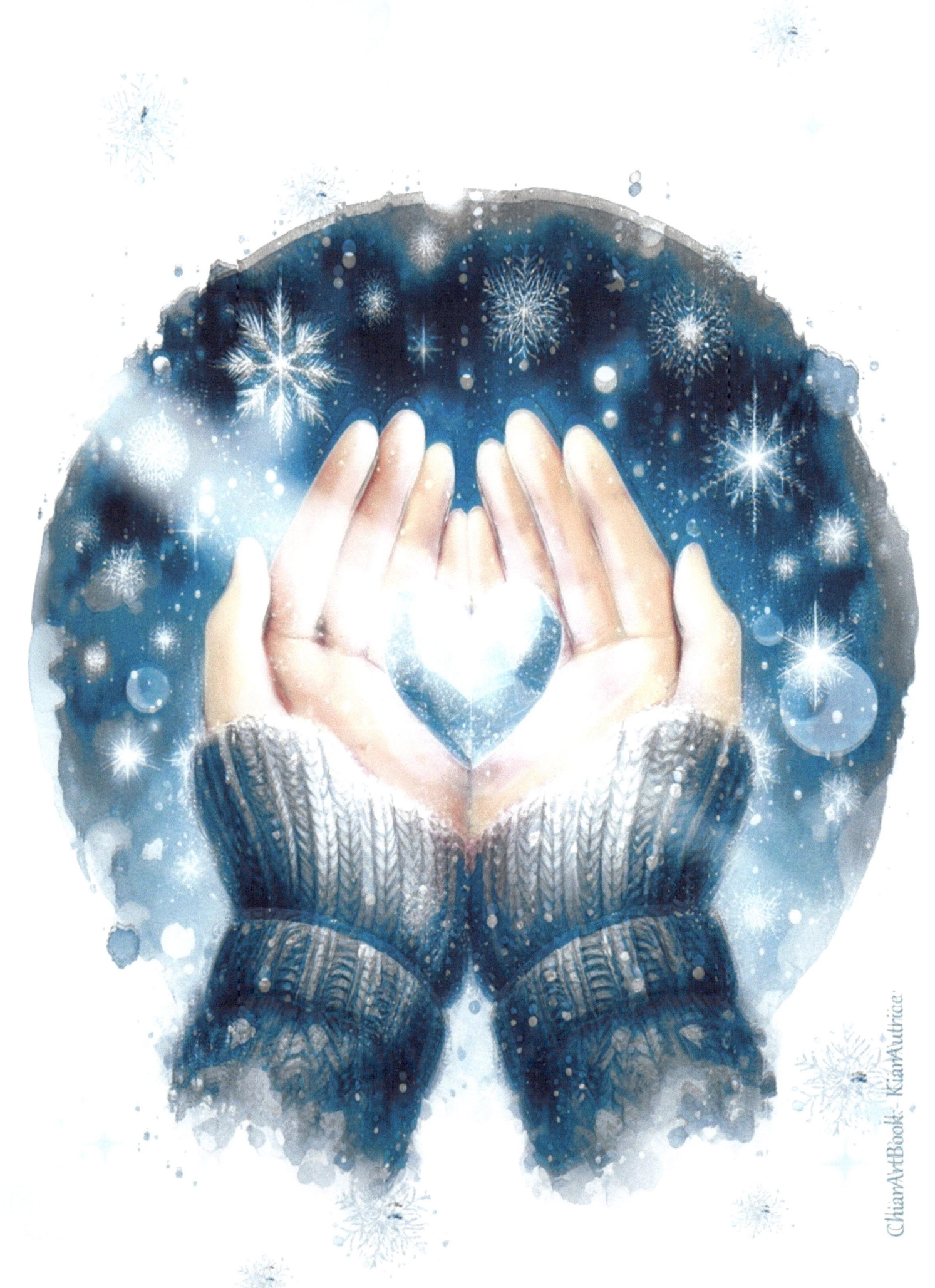

L'AMORE IN UN CRISTALLO DI NEVE

di Chiara Vincenzi

La neve: silente, gentile, elegante.
Scende e si posa ovunque con delicatezza, arriva in punta di piedi dentro una danza di candidi fiocchi. La neve è come una carezza e, come tale, giunge in modo inaspettato e ci sorprende. Ci regala un brivido di emozione intensa. Lascia a bocca aperta per lo stupore di tanta bellezza.
Se volessimo associarla ai colori, penseremmo subito ai toni più freddi, non solo al bianco nel suo simbolo di purezza e candore, che più che un colore è la somma di tutte le tinte. Le sfumature come quelle dell'azzurro, invece, ci caricano della loro energia e di significato mistico, le forme si alleggeriscono, tempo e spazio vengono trascesi.

Personalmente, posso dire che in ogni colore vi è un gioco passionale della luce e, irradiando, parla del più grande dei segreti. L'Amore. Niente resta isolato ma si amalgama dentro una precisa armonia. Allo stesso modo, grazie alle parole, Luce meravigliosa che codifica nero su bianco i pensieri, si esprime un prodigioso evento: la musicalità. Questo perché parole e colori emettono delle vibrazioni particolari, e ci raggiungono attraverso precise frequenze: non a caso, o ravvivano o ci smorzano. Tutto dipende a che tipo di sonorità o parole ci stiamo riferendo.
La Natura stessa conosce molto bene questo linguaggio e lo usa esprimendo un moto primordiale quanto universale, per l'appunto. L'Amore.
È l'Amore inteso come stato d'Essere emesso in una frequenza altissima; lo potremmo paragonare a uno stato di meravigliosa estasi dove non esiste rabbia, tristezza e qualunque altro elemento negativo. In questo stato di Amore comprendiamo che "essere gioiosi e innamorati" non significa esserlo in risposta a un evento esterno, ma perché quella gioia e quell'amore puri sono già contenuti dentro di noi.

L'AMORE IN UN CRISTALLO DI NEVE

di Chiara Vincenzi

Questo criptato messaggio lo ritroviamo in ogni forma che ci circonda, nella Vita. Lo possiamo leggere nel numero ripetuto dei petali di un fiore, nel disegno di una foglia, nella simmetria di un frutto e, tornando alla bellezza della neve, negli arabeschi magici di un cristallo di neve.

Verrebbe da chiedersi come tutto questo sia possibile.

Ogni cosa racchiude un'Energia, anche ciò che ci sembra inanimato vibra e ci parla; noi stessi siamo Energia: emaniamo vibrazioni che interagiscono con l'esterno e le vibrazioni altrui.

A tal proposito, il dottor Masaru Emoto, ricercatore e studioso giapponese, concepì vari studi e teorie importanti, sostenendo che la coscienza umana potesse influenzare la struttura molecolare dell'acqua.

La sua teoria principale – evoluta nel corso degli anni – ribadiva che l'acqua potesse reagire in base a pensieri e parole; se inquinata, si poteva ripulire grazie alla preghiera e a parole positive. In breve, le energie e le vibrazioni emotive possono mutarne la struttura fisica.

Per dimostrarlo, pensò di tradurre questo concetto in modo tangibile... cristallizzandolo.

I suoi esperimenti consistettero nel preparare vari bicchieri d'acqua distillata – ovvero acqua di base priva di informazioni – ed esporla a parole, immagini, musica, diverse; in seguito, congelarla ed esaminare le proprietà estetiche dei cristalli di ghiaccio che si erano così creati. L'acqua, sottoposta a parole e pensieri positivi come "Amore, Grazie" rispose formulando cristalli di ghiaccio armonici ed esteticamente belli; invece, l'acqua esposta a concetti negativi creò cristalli informi, dalla struttura irregolare.

L'AMORE IN UN CRISTALLO DI NEVE

di Chiara Vincenzi

Emoto dichiarava inoltre che l'acqua di sorgente, come nel caso di un ruscello di montagna, quando congelata, mostrava strutture geometriche meravigliosamente sagomate; l'acqua proveniente da fonti inquinate produceva strutture di ghiaccio distorte e casuali. È quindi basilare il fatto che le sostanze e i minerali che vengono a contatto con l'acqua in natura emettono un principio vibrazionale che resta impresso in essa per un certo tempo. È la memoria dell'acqua, per l'appunto.

Parole, immagini, musica hanno ovviamente frequenze diverse e si traducono nella sua memoria. La parola, muovendosi nella materia, diventa forma; nel corpo biologico questo potenziale si trasforma in Vita. Ogni cosa che si genera in Natura avviene attraverso il suono, il verbo, la parola. L'acqua pertanto ci ascolta, memorizza le vibrazioni dei nostri pensieri e delle nostre emozioni, e ci risponde nel linguaggio figurativo dei suoi magnifici cristalli.

Non è un concetto così semplice, tanto meno da voler affibbiare per forza di cose, ma è una riflessione a mio dire determinante per il nostro Essere, per la nostra apertura alla Vita, per noi. Se ci pensiamo, la superficie della Terra è coperta per il 70% d'acqua, ed è la stessa percentuale contenuta nel corpo umano. Forse è un caso, forse no.

I cristalli di neve cadono sul nostro bellissimo Pianeta da secoli, tutti simili eppure diversi tra loro: mi piace paragonare quest'immagine proprio a noi, a quando nasciamo, alle informazioni che portiamo, a ciò che dobbiamo ancora apprendere.

La geometria perfetta di ogni cristallo è il messaggio universale del cosmo che si traduce nel tangibile e lo rivolge a noi, dando luogo a un impressionante dialogo tra la Natura e l'uomo. Nulla è diviso ma tutto è connesso, siamo elementi della Natura e paragonabili a quel concetto d'Amore insito in Lei.

L'AMORE IN UN CRISTALLO DI NEVE

di Chiara Vincenzi

E quell'Amore contenuto in un cristallo di ghiaccio possiamo ritrovarlo a nostra volta dentro di noi.

È una bellissima sfida da porci ogni giorno attraverso le asperità della Vita, poiché non è una risposta così semplice da attuare. La Natura stessa lo sa, testimone spesso di eventi poco nobili: Eppure Lei non si ferma e la sua visione è sempre la stessa: non c'è replica più bella nel trasformare ogni grettezza attraverso l'Amore.

A voi tutti, allora, l'augurio di un Magico Inverno, è il momento di varcare il sacro silenzio nella più introspettiva di tutte le stagioni. È l'occasione per cogliere quel sentimento che vibra in noi, quello stato d'essere che ci chiede di farsi sentire per condurci al proprio Cuore.

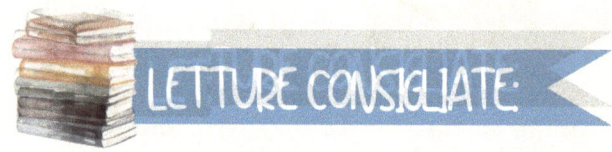

LETTURE CONSIGLIATE:

- Il vero potere dell'acqua – Masaru Emoto Edizioni Mediterranee
- Il miracolo dell'acqua – Masaru Emoto Edizioni Il Punto di Incontro
- Masaru Emoto (Yokohama 22 luglio 1943 – Tokyo 17 Ottobre 2014)

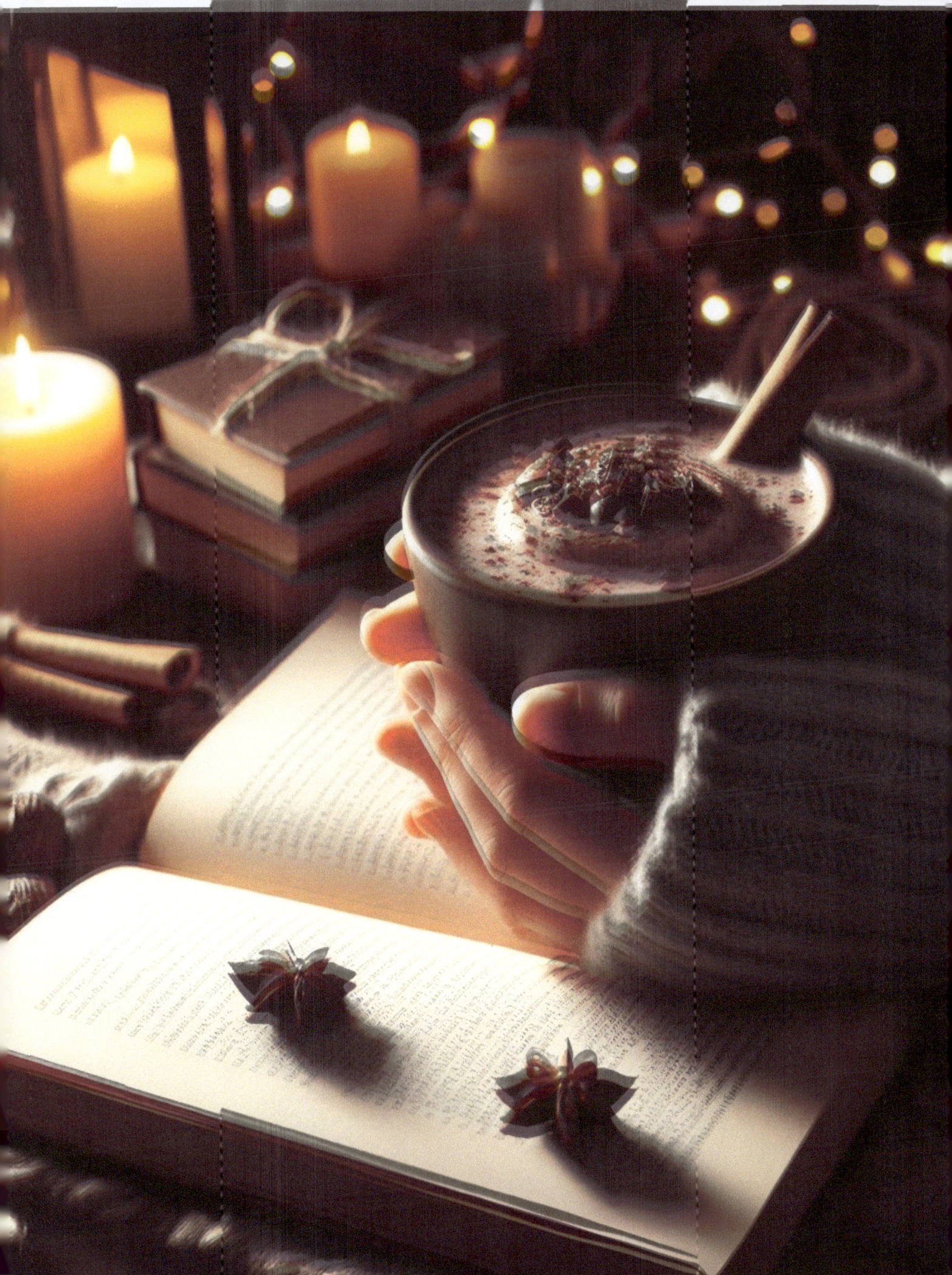

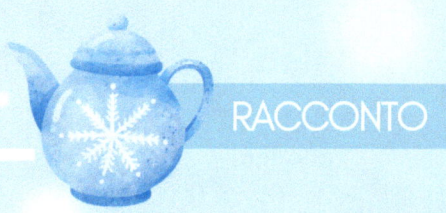 RACCONTO — di Jane Rose Caruso

IL MISTERO DEL TACCUINO DI MR HARRY GRAY

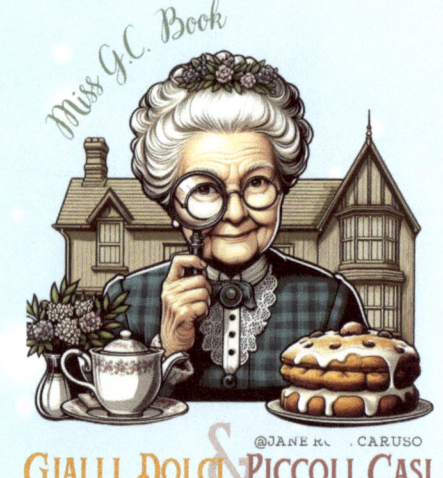

Era un pomeriggio grigio d'inverno quando Miss Book decise di visitare il suo amico, Mr Harry Gray, un talentuoso pittore che viveva in un affascinante cottage circondato da un giardino incantevole. Harry era noto per il suo estro creativo, ma anche per essere un po' distratto.

Quando Miss Book arrivò, notò subito che l'atmosfera era tesa.

"Harry, che succede?" chiese Miss Book, preoccupata.

Harry, con i capelli arruffati e un'espressione preoccupata, rispose: "Ho bisogno del tuo aiuto, Miss Book. Il mio taccuino è scomparso!"

Miss Book sapeva quanto fosse importante quel taccuino per Harry, poiché conteneva schizzi e idee per le sue prossime opere.

"Dove l'hai visto l'ultima volta?" chiese.

Harry spiegò che lo aveva lasciato sul tavolo mentre dipingeva, ma quando era tornato, il taccuino era sparito. Incuriosita, Miss Book iniziò a esplorare il cottage. Mentre esaminava il caos di colori e pennelli, notò un paio di fogli strappati sul pavimento. Si chinò e riconobbe subito uno degli schizzi di Harry, raffigurante un paesaggio innevato. "Harry, guarda qui!" esclamò.

Harry si avvicinò e, con una fitta al cuore, notò che i fogli strappati erano solo una parte del suo lavoro.

"Qualcuno deve averlo preso!" esclamò, mentre la preoccupazione cresceva.

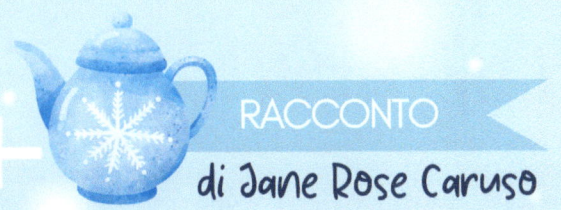
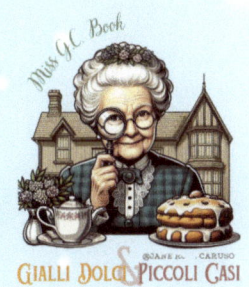

IL MISTERO DEL TACCUINO DI MR HARRY GRAY

RACCONTO di Jane Rose Caruso

"Devo ritrovare il taccuino intero!"
Miss Book decise di indagare. Chiese a Harry se avesse avuto ospiti di recente. "Solo il mio amico Charlie," rispose Harry. "È venuto a scattare alcune foto per un progetto." Miss Book si ricordò che Charlie era un amante dell'arte e che spesso si divertiva a esplorare la creatività altrui.

"Potrebbe averlo preso per curiosità," suggerì Miss Book. Decisero quindi di contattare Charlie. Dopo qualche telefonata e messaggio, riuscirono a rintracciarlo. Charlie, inizialmente sorpreso, ammise di aver visto il taccuino e di averlo portato a casa per dare un'occhiata più da vicino. "Non volevo offenderti, Harry!" spiegò Charlie, scusandosi. "Ma non mi sono reso conto di quanto fosse importante per te."

Harry, sollevato, accettò le scuse di Charlie e gli fece promettere che la prossima volta avrebbe chiesto il suo permesso prima di prendere qualcosa. Miss Book propose di organizzare una serata di pittura insieme, in cui tutti avrebbero potuto condividere idee e ispirazioni.

Così, quella sera, si riunirono nel cottage, circondati da tele e colori. Mentre la neve cadeva fuori e il fuoco scoppiettava, dipingevano e chiacchieravano, trasformando un momento di tensione in un attimo di condivisione e gioia. Tutto si può risolvere se visto nella giusta prospettiva.

✨ Quattro libri Up-lit ✨

Il genere up-lit (abbreviazione di uplifting literature) si riferisce a libri e storie che hanno un tono positivo e ottimista. Questi racconti spesso esplorano temi di gentilezza, speranza, resilienza e connessione umana, con l'obiettivo di sollevare il morale del lettore e offrire una visione confortante della vita.

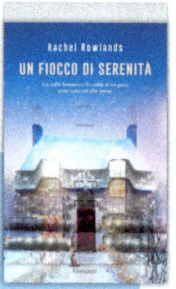

UN FIOCCO DI SERENITÀ
DI RACHEL ROWLANDS

Immaginate una caffetteria di mattoni rossi, circondata da neve, con gatti di vari colori che osservano dai vetri. Questo è il rifugio di Emmie, dove ha trovato pace dopo una relazione finita male. Ma una tormenta di neve la intrappola con Jared, il giovane corriere che sembra odiare i gatti. In realtà, Emmie scoprirà che dietro il suo disprezzo c'è una ferita da curare. Forse, questa sarà l'occasione per aprire i loro cuori, in un luogo magico dove caffè, gatti e neve creano un'atmosfera di calore e serenità. "Un fiocco di serenità" è una storia dolce come una tisana in una notte fredda, perfetta per credere nel detto: «Due cuori e una capanna», anche se in questo caso è una caffetteria.

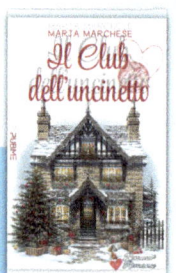

IL CLUB DELL'UNCINETTO
DI MARTA MARCHESE

Emma crede di stare per affrontare il Natale peggiore degli ultimi anni. Certo, il fardello di un divorzio non è mica leggero da portarsi dietro; eppure, un po' per caso un po' per magia una locandina la invita a provare qualcosa di nuovo, un club dell'uncinetto. Con scetticismo e poche aspettative si imbarcherà in questa nuova avventura che non sa ancora quante cose belle le riserverà. Fra un gomitolo di lana, del buon tè caldo e confidenze fra amiche Emma troverà il suo posto nel mondo. E se fra questi ingredienti ci fosse anche l'amore? Emma sarà pronta a rimettersi in gioco? Non vi resta che scoprirlo.

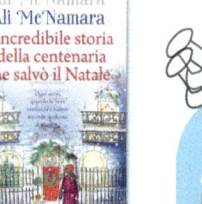

L'INCREDIBILE STORIA DELLA CENTENARIA CHE SALVÒ IL NATALE
DI ALI MCNAMARA

Elle sta attraversando un periodo difficile: non ha uno scopo, non ha un soldo e molto presto non avrà più neanche una casa. Sta per abbandonare le speranze, quando trova un annuncio di lavoro che sembra fatto apposta per lei. Un'anziana signora è alla ricerca di qualcuno che possa scrivere la storia di un'antica casa e della famiglia che l'ha abitata. L'autrice riceverà in cambio vitto e alloggio, oltre a una generosa ricompensa. Unico requisito richiesto: il candidato deve amare il Natale. Incuriosita dalla proposta e determinata a non lasciarsi sfuggire l'occasione, Elle arriva a Mistletoe Square. Rimane subito affascinata dall'eccentrica signora che la accoglie e le mostra la sua meravigliosa collezione di decorazioni natalizie, raccolte di generazione in generazione e ognuna con la sua storia da raccontare.

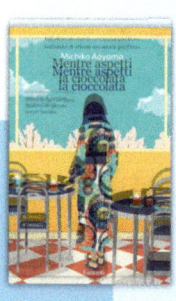

MENTRE ASPETTI LA CIOCCOLATA
DI MICHIKO AOYAMA

Tokyo. Tra i ciliegi in fiore, si nasconde una caffetteria. Ogni giovedì alle tre, una donna misteriosa siede sempre allo stesso tavolo, scrivendo lettere con un sorriso o una lacrima. La sua presenza rende speciale l'atmosfera, catturando gli sguardi dei clienti: Asami, donna in carriera preoccupata per il figlio; Risa, che ha bisogno della sua migliore amica prima del matrimonio; Ena, meravigliata dai suoi alunni. Avvolti dal profumo della cioccolata, riflettono su vita, rimpianti e speranze. In questo luogo unico, anche uno sconosciuto può arricchirci e illuminare le nostre vite. Apri la porta del cuore e scopri quanto possiamo ricevere.

COZY LIFE - 14

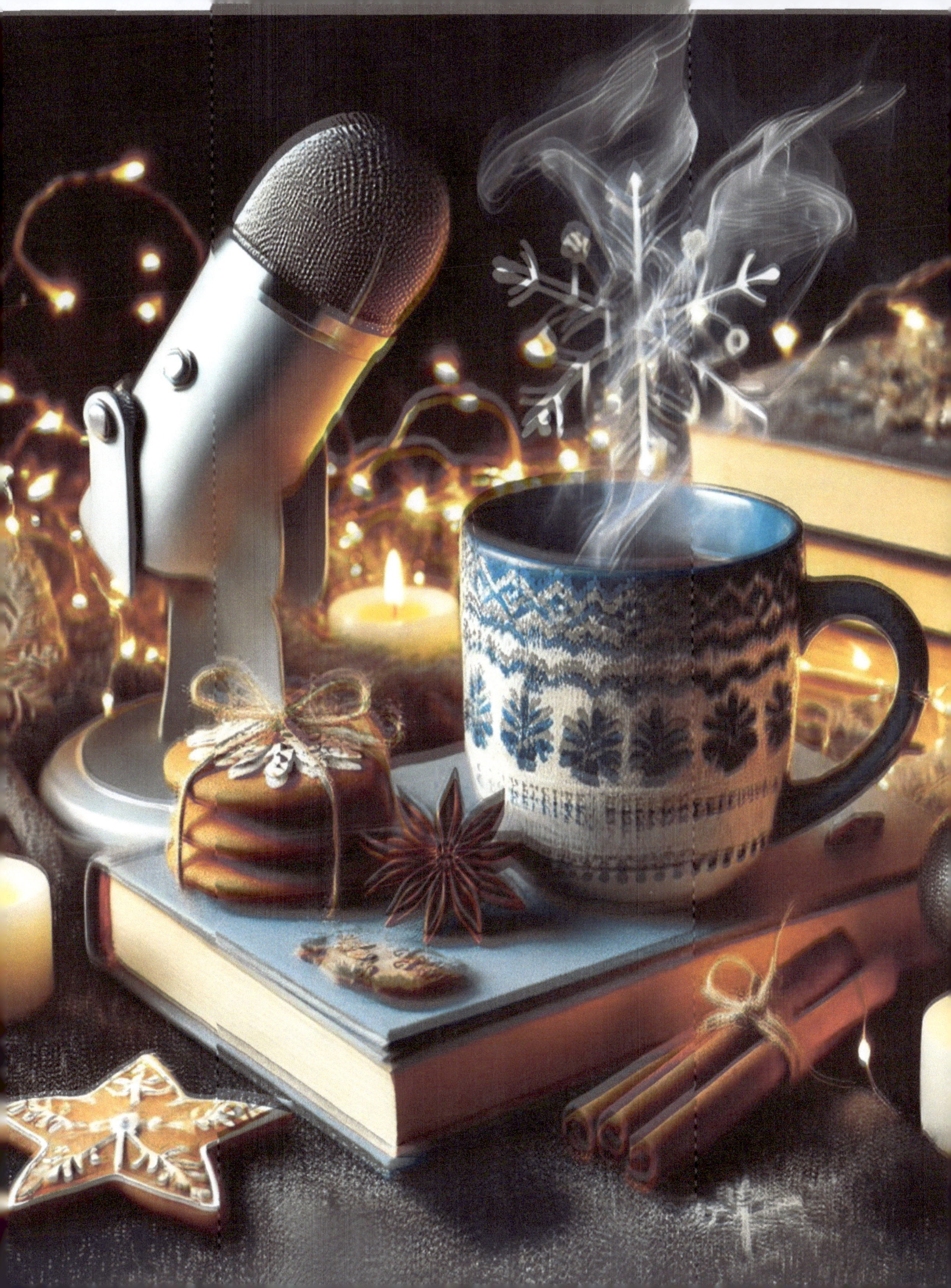

L'ATTESA DEL NATALE PUÒ ESSERE ANCORA PIÙ MAGICA CON 🎙 PODCAST L'ASCOLTO GIUSTO

di Serena La Manna

Prendete il vostro maglione più comodo, indossatelo, preparatevi una tisana bollente, magari al sapore di cannella, versatela in una tazza rigorosamente a tema, mettete qualche biscottino in un piatto, spostate tutto sul tavolino da caffè. Ora accendete l'albero di Natale, spegnete le luci della stanza, accoccolatevi sul divano, tirate a voi il tavolino e copritevi con un bel plaid pesante e, non serve dirlo, sempre a tema. Ci siete?

Manca solo una cosa per rendere questo momento perfetto e magico proprio come il periodo che noi romantici amiamo in modo folle: un degno sottofondo.

È qui che arrivo io con la mia ossessione, vabbè dai, per essere buona dirò passione, per i podcast di ogni tipo. Sono ottimi per accompagnarci sempre: mentre cuciniamo per il cenone, mentre guardiamo le vetrine con una cioccolata calda tra le mani, mentre scegliamo le decorazioni o semplicemente mentre ci crogioliamo sul divano in una giornata fredda con le luci del nostro adorato albero a illuminare quel poco che basta.

Sì, ma quale scegliere?

Ecco un bel mix con sorpresa finale!

Il primo consiglio parla di un maghetto a cui siamo tutti affezionati e che è il protagonista di molte maratone invernali. Esatto, parlo proprio di lui, Harry Potter. Chi di noi non ha sognato un Natale nella grande sala?

Il podcast si intitola La filosofia di Harry Potter, è un'esclusiva Audible e ve lo raccontano le voci di Maura Gangitano e Andrea Colamedici. Nel corso delle puntate verranno sviscerati e analizzati i vari simboli e significati filosofici nascosti tra le righe di questa storia tanto amata.

L'ATTESA DEL NATALE PUÒ ESSERE ANCORA PIÙ MAGICA CON L'ASCOLTO GIUSTO

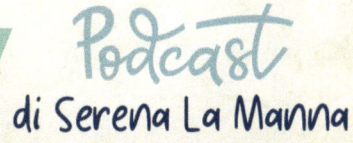
Podcast di Serena La Manna

Proseguiamo con Il mondo di Tolkien, per restare in tema letteratura e atmosfere che richiamano il periodo. I mondi fantastici sono una costante e aiutano a creare la magia. Qui, grazie a Storytel, seguiremo la vita e le passioni di questa mente che è stata in grado di regalarci un mondo unico in cui rifugiarci.

Se, invece, avete voglia di saziare le vostre curiosità, ci pensa il professor Barbero e la sua tuttologia con il podcast Chiedilo a Barbero, disponibile gratuitamente su tutte le piattaforme. Fatevi una domanda. Fatto? Lui avrà la risposta e ve la darà in modo divertente e chiaro come solo lui sa fare.

Siete in mood "a Natale siamo tutti più buoni"? Tranquilli, ho un podcast anche per questo, si intitola Le vite degli altri. Alessandro Banfi vi farà scoprire persone che buone lo sono tutto l'anno e che si impegnano davvero per cambiare le cose. Preparatevi a piangere. Poi non dite che non vi avevo avvisati. Anche questo è gratuito.

Come dite? Siete indecisi su cosa guardare e passate ore a fare zapping? Ci pensano Netflix e Therapy o Che film guardo stasera ad aiutarvi. Tra le loro puntate troverete al 100% il film o la serie adatta a voi.

State cercando qualcosa da leggere o da regalare? Non preoccupatevi, ci pensa Cristina Di Canio con La libraia tascabile oppure Silvia Nucini con Voce ai libri a farvi allungare la wishlist e a trovare il titolo perfetto per amici, parenti, colleghi...

Che sia il caso di fermarmi? Ormai la tisana sarà finita e i biscotti digeriti. Ma aspettate un attimo ancora, perché ho lasciato per ultime due chicche a tema Natale.

L'ATTESA DEL NATALE PUÒ ESSERE ANCORA PIÙ MAGICA CON L'ASCOLTO GIUSTO

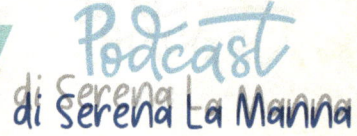

Podcast di Serena La Manna

Ebbene sì, ho fatto una ricerca e ho ascoltato solo per voi vari podcast sul tema. Lo ammetto, alcuni erano improponibili, ma sono riuscita a scovare due delizie: *Christmas lights* di Iaia Guardo. Leggende, storie, tradizioni, cibi, film, curiosità, tutte legate a questo mese unico; e *Natale acido* di Arianna Porcelli Safanov, meno cozy e molto ironico, cinque episodi in cui ci vengono raccontate "le storie di eroi che ce l'hanno fatta, che sono riusciti a non passare il Natale in famiglia". Lo so, sembra una blasfemia, ma fanno ridere. Fidatevi di me.
Ora direi che è arrivato proprio il momento di salutarvi, non ci resta che premere play e lasciarci cullare da quella cosa meravigliosa che sono le parole.
Pronti? Io ho già infilato i piedi sotto la coperta e le cuffie nelle orecchie.

Buon ascolto, lettori e, soprattutto, buone feste. Che la magia del Natale non vi abbandoni mai, neanche nel corso dell'anno. Teniamo sempre accese le luci che ci fanno brillare e sentire in pace.

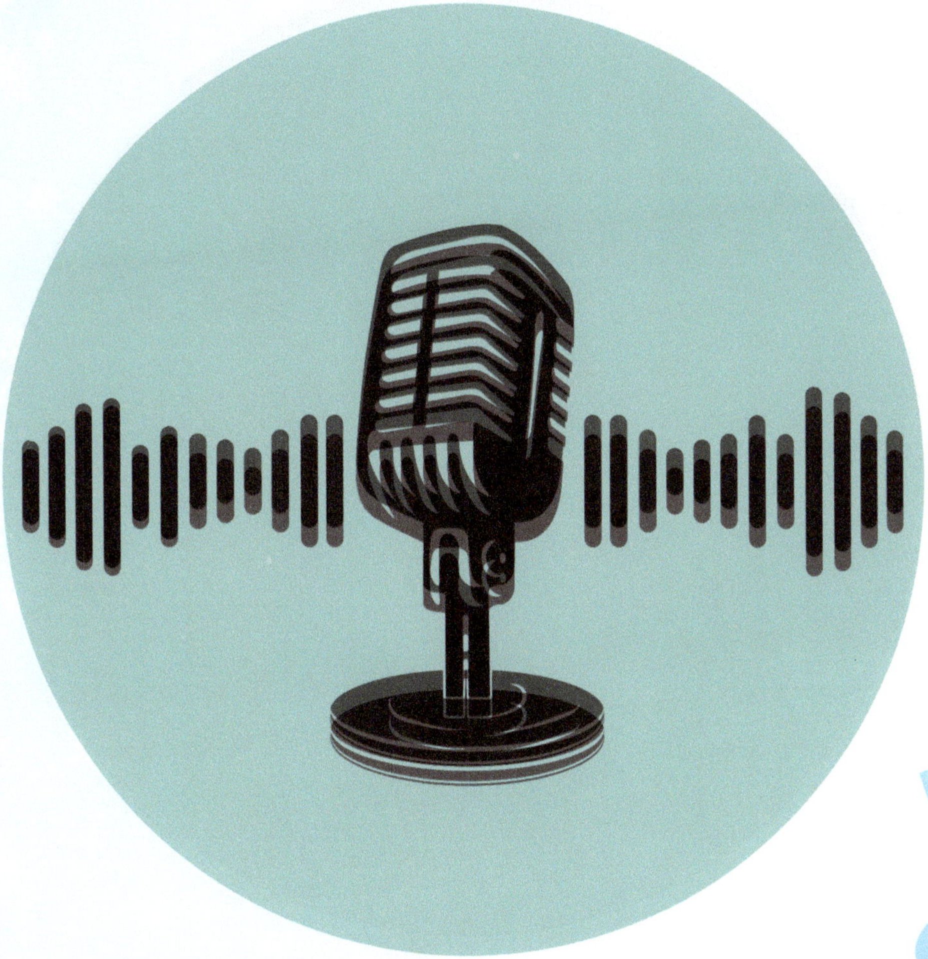

Podcast cosy

RILASSATI

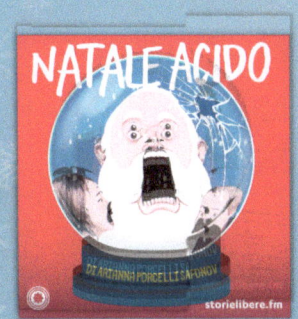
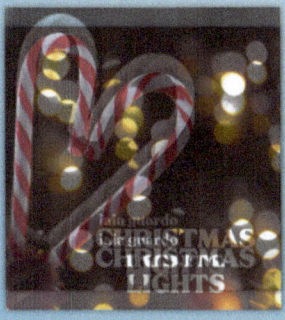
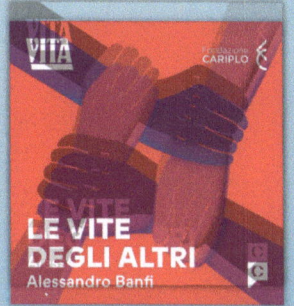
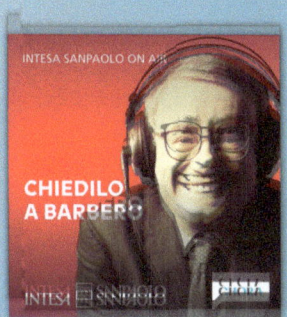

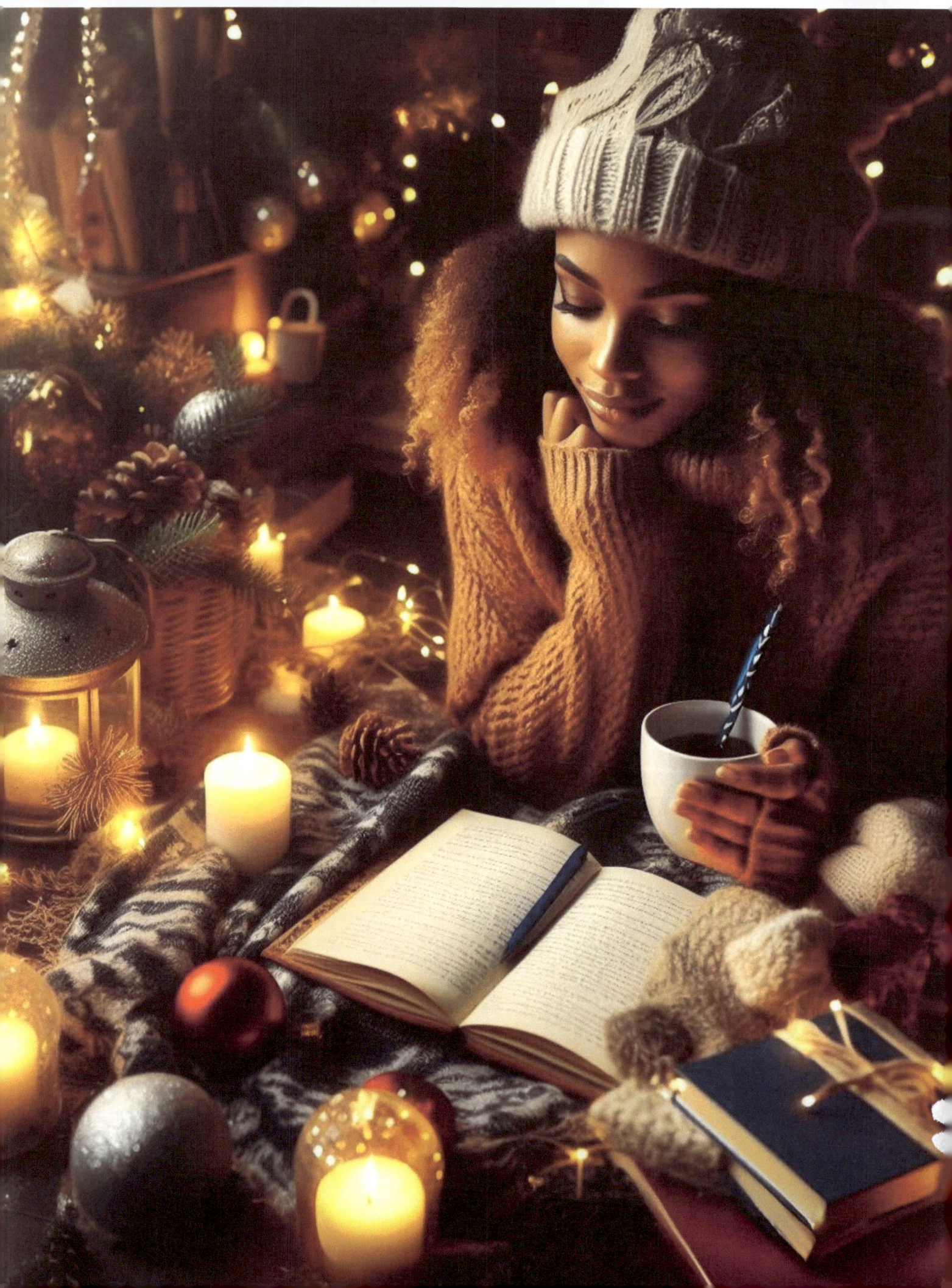

RACCONTO A PUNTATE — *di Sara Petrolini*

AGGANCI IMPERFETTI

GIANNI, OVVERO LA DISTRAZIONE

Gianni era sempre stato un ragazzino carino e simpatico, affettuoso e socievole. Crescendo non aveva perso questo aspetto "solare" che, abbinato a una bella presenza, gli garantiva un certo successo con le donne. Era alto, moro, con un bel sorriso e denti bianchi, due occhioni neri profondi, e arrivato ai quarant'anni sprizzava ormai virilità da tutti i pori. Eppure sulla lunga durata le sue relazioni con le donne non funzionavano. Non aveva il complesso di Peter Pan e non era né maschilista né irrispettoso delle donne. Il problema era un altro. Gianni perdeva tutto: perdeva le chiavi, perdeva gli occhiali, perdeva perfino i treni e gli aerei.

Ma cominciamo dal principio. La madre di Gianni si accorse del difettuccio del bambino quando ormai dodicenne tornò da scuola dicendo che aveva perso la bicicletta con cui era uscito la mattina. Certo, la donna avrebbe potuto pensare che il ragazzino fosse stato vittima di una qualche ruberia da parte di incalliti criminali o di qualche perfido scherzo di spregevoli bulli. Sarebbe stato pure logico, ma dai fatti che seguirono poi, nel corso del tempo, la mamma capì che i fattori esterni c'entravano poco con la facilità con cui Gianni smarriva le cose.

RACCONTO A PUNTATE

AGGANCI IMPERFETTI
di Sara Petrolini

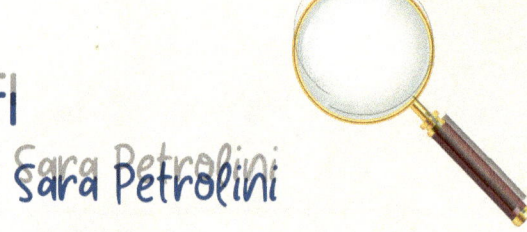

Ma procediamo con ordine. Dopo aver perso la bicicletta, Gianni fu costretto per i lunghi mesi che seguirono ad andare a scuola a piedi. In verità, la madre, intenerita dalla sofferenza del figlio e dispiaciuta per la scomparsa della bici, aveva pure tentato una soluzione alternativa. Prima di andare in ufficio lasciava la paghetta necessaria a Gianni perché comprasse la merenda e il biglietto dell'autobus. Ma con grande rammarico, la solerte genitrice presto scoprì che questi soldini erano fra quelle cose che il figlio perdeva regolarmente.

Il caso vuole, però, che il bambino perdesse solo la metà dell'importo, quella necessaria al biglietto dell'autobus, ma fortuna vuole che la pizza comprata da Gianni lievitasse da sola miracolosamente raddoppiando il suo volume rispetto alla spesa. Tanti gridarono al miracolo. Gianni, invece, si limitò a essere soddisfatto perché quelle vettovaglie erano necessarie a rifocillarlo dopo la lunga camminata verso la scuola.

Dopo qualche settimana di lunghe camminate nel freddo e nella pioggia, però, Gianni cominciò a perdere anche la strada per la scuola. E la Provvidenza intervenne di nuovo. Dopo un'accorata telefonata della professoressa di matematica a casa, la madre e il padre di Gianni aiutarono il figlio a ritrovare la via. Il papà di Gianni si levò lo zoccolo, sua mamma prese il cucchiaio di legno e mentre correvano tutti e tre attorno al tavolino, i due poveri genitori, con determinazione, diedero al figlio la giusta motivazione per ritrovare ciò che aveva perduto.

Negli anni successivi le perdite si alternarono alle scoperte e alle conquiste, così che i genitori del ragazzo pensarono che il problema fosse risolto.

RACCONTO A PUNTATE

AGGANCI IMPERFETTI
di Sara Petrolini

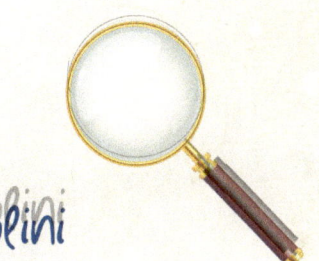

Ma quando arrivarono le donne, la faccenda si complicò di nuovo.
Con la prima fidanzata, Sofia, Gianni aveva perso la dignità quando lei lo aveva lasciato. L'aveva corteggiata ancora e ancora, per poi scoprire che lei già da tempo aveva un altro. Pieno di rancore, allora, aveva perso la quota vacanze di lei giocando a poker. Si erano lasciati poco prima di partire per un costoso viaggio e lei gli aveva affidato la sua quota pacchetto da versare come acconto all'agenzia.
Con la seconda fidanzata, Lucia, memore del tradimento della prima, aveva perso la pazienza quasi subito. Un giorno lei gli disse in un modo estremamente contorto, che – citiamo testualmente – "lo amava, ma non lo amava abbastanza, almeno non come si amano quelli che si devono amare tutta la vita". Gianni non capì molto del discorso in sé, ma ebbe modo di riflettere sul fatto che se si perdono i sinonimi è dura mantenere viva l'attenzione di chi ascolta. Così perse la fiducia nelle donne e nei rapporti di lunga durata.
Ma il record in assoluto, che lui ricordasse, in campo di "perdite", lo aveva registrato con la storia della Signora Leda. Prima di diventare direttore, come era adesso, aveva lavorato nell'ufficio di un altro manager di lì. Il lavoro gli piaceva pure: il capo non era troppo esigente; il suo ruolo non era vitale per l'azienda. Così non si sentiva in colpa per le sue piccole "sviste" quotidiane. Il fatto, però, era che il suo capo sommava alla fortuna di gestire una fiorente attività, quella di avere un altrettanto vivace moglie.
La "Signora" era animata da un'insaziabile voglia di fare sempre nuove conoscenze e quando vide Gianni per la prima volta, capì subito che faceva al caso suo. Cominciò a presentarsi in ufficio negli orari più insoliti, quando era sicura che non ci fosse il marito.

RACCONTO A PUNTATE

AGGANCI IMPERFETTI
di Sara Petrolini

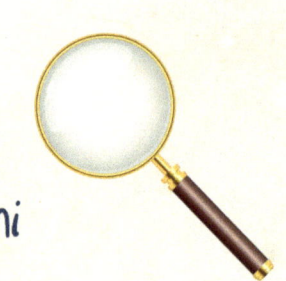

Lisciava Gianni e gli parlava in un modo così suadente che un giorno, interpretando i chiari messaggi di lei, Gianni perse il controllo degli ormoni. Sfortuna volle che quel giorno, però, perdesse anche la cognizione del tempo e che il rancoroso cornuto li trovasse così, mentre lui faceva da poltrona a lei. Così perse anche il suo primo vero lavoro, i pantaloni - lasciati indietro durante la fuga - e l'aereo per andare a trovare i suoi amici in Spagna. Nella macchina, pronto per raggiungere l'aeroporto, lo aspettava il bagaglio, ma le chiavi gli erano cadute chissà dove mentre faceva "Sedia, sediola". Ed era chiaro che non fosse possibile ritornare in ufficio a cercarle. E così? Così Gianni perse nel tempo soldi, vacanze, impieghi e soprattutto la speranza di trovare l'anima gemella. E si rassegnò a concentrarsi solo ed esclusivamente sul lavoro.

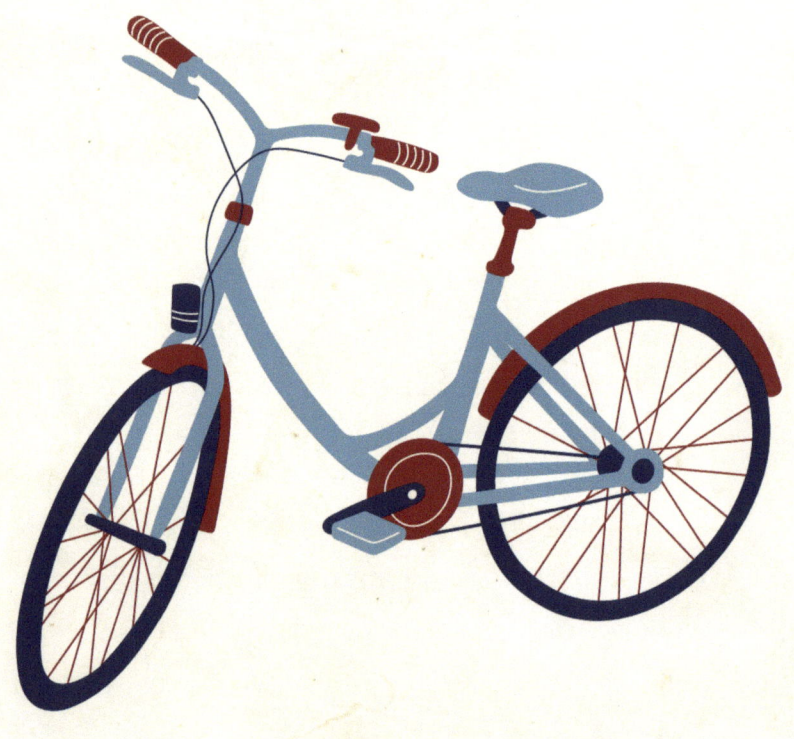

Quattro libri Cozy Mystery

Il cozy mystery è un sottogenere del giallo o del poliziesco, caratterizzato da un'atmosfera accogliente e rassicurante.
Il termine "cozy" significa infatti "confortevole".

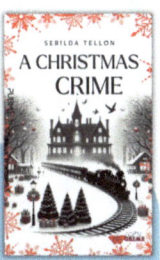

A CHRISTMAS CRIME
SERILDA TELLON

La settimana di Natale.
Una villa isolata, in piena campagna.
Dieci persone che non si sono mai incontrate prima, le uniche cose che hanno in comune sono l'essere social e la passione per i libri mystery, ricevono l'invito per partecipare a una piccola fiera del libro organizzata da Renato Monfieri, proprietario della tenuta. Quella che si prospetta un'inaspettata vacanza lontana dalla frenesia natalizia diventerà, però, una caccia all'assassino. Nell'atmosfera festosa, una mano omicida si muove nell'ombra, guidata da un odio feroce e da una missione da portare a compimento. Quando una terribile tempesta si abbatte sulla campagna, sarà una tra le ospiti, l'audace Jade Marple, a tentare di scovare il colpevole che si cela tra gli ospiti nella villa. Tutti sono sospettati, ma Jade può contare sull'aiuto di due alleati: Donatella Lidoe e Oliver Christie, gli unici che resteranno al suo fianco.
Ce la farà la triade investigativa a risolvere il mistero che si cela tra le pagine di Il canto di Natale di Dickens e salvare la comitiva dalla furia omicida del pericoloso assassino?

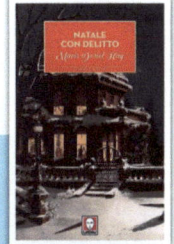

NATALE CON DELITTO
MAVIS DORIEL HAY

Sir Osmond Melbury, un ricco aristocratico inglese, è una persona difficile. Nelle sue relazioni sembra apprezzare solo l'efficienza, la lealtà e l'obbedienza. Lo sanno bene i suoi figli, un maschio e quattro femmine, ognuno dei quali ha un conflitto irrisolto con lui. Eppure, ogni Natale, si piegano al suo volere tirannico e, accompagnati dalle rispettive famiglie, trascorrono le vacanze a Flaxmere, la dimora avita. La convivenza esaspera gelosie, rancori e paure, e man mano che la festa si avvicina la tensione si fa sempre più palpabile. Come se non bastasse, quest'anno l'invito al pranzo natalizio è stato esteso a Miss Portisham, la giovane e bella segretaria di Sir Osmond, ed è difficile non sospettare che la donna stia studiando un modo per mettere le mani sul patrimonio del vecchio. Proprio quando sembra che i festeggiamenti si stiano per concludere senza intoppi, Sir Osmond viene trovato morto nel suo studio, ucciso da un colpo di pistola. Si tratta di suicidio o di omicidio? E com'è possibile che nessuno dei tanti ospiti abbia visto o sentito niente? Forse perché quasi tutti hanno qualcosa da guadagnare da quella morte? Queste sono le domande che si pone il colonnello Halstock, commissario capo della contea, che dovrà far breccia nel muro di omertà che circonda segreti vecchi e nuovi. Esaurite le bugie e le false piste, emergerà il ritratto sconcertante di un assassino freddo e ingegnoso.

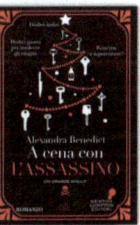

A CENA CON L'ASSASSINO
ALEXANDRA BENEDICT

Lily Armitage ha deciso che non metterà mai più piede a Endgame House, la grande dimora di famiglia in cui sua madre è morta ventuno anni prima. I suoi propositi, però, vacillano quando riceve una lettera dalla zia, che la invita alla sfida tradizionale che si tiene ogni anno: il Gioco di Natale. In cosa consiste? I partecipanti dovranno trovare dodici chiavi con i dodici indizi a disposizione. Quest'anno c'è un premio speciale: l'atto di proprietà di Endgame House. A Lily non interessa nulla della casa, ma nel biglietto c'è un dettaglio che basta da solo a convincerla: durante i giochi verranno rivelati gli indizi per scoprire finalmente la verità sulla morte di sua madre. Ma è davvero così o si tratta di uno scherzo di pessimo gusto? Per scoprirlo, Lily deve trascorrere dodici giorni nella grande casa insieme ai cugini, risolvendo enigmi e indovinelli per rivelare, uno a uno, i segreti più oscuri della famiglia Armitage. Quando una tempesta di neve isola la casa da ogni contatto con l'esterno, tutto può succedere...

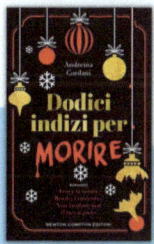

DODICI INDIZI PER MORIRE
ANDREINA CORDANI

Negli anni dell'università, otto amici avevano creato un club molto particolare: la Murder Masquerade Society. Insieme risolvevano efferati crimini rigorosamente inventati. Fin quando, all'ultima sfida di Natale, un membro del gruppo era scomparso letteralmente nel nulla. Dodici anni dopo gli ormai ex studenti ricevono un misterioso invito: li aspetta una festa con delitto a tema natalizio in una bellissima e remota casa di campagna in Scozia. Avranno dodici giorni per risolvere il mistero. Poco dopo l'arrivo, il gioco inizia e a tutti sembra di essere tornati ai vecchi tempi: determinazione, complicità, divertimento. Almeno fino al giorno dopo, quando qualcuno viene trovato impiccato a un pero. Stavolta il gioco è fin troppo reale e rischia di portare a galla segreti a lungo nascosti. Per sopravvivere fino al mattino di Natale, gli amici dovranno affrontare la verità su ciò che accadde quella fatidica notte di dodici anni prima.

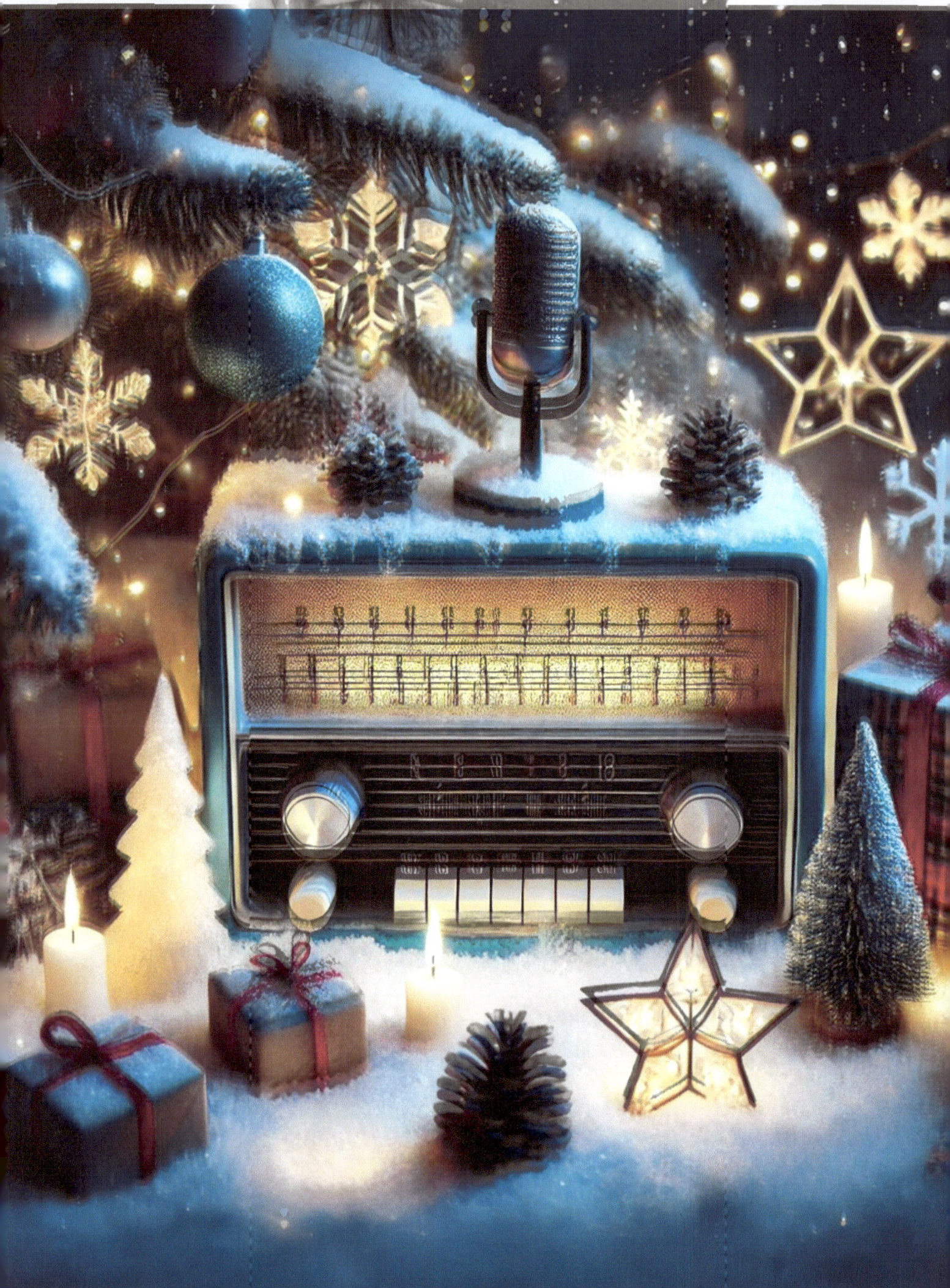

INDOVINA IL SUONO D'INVERNO

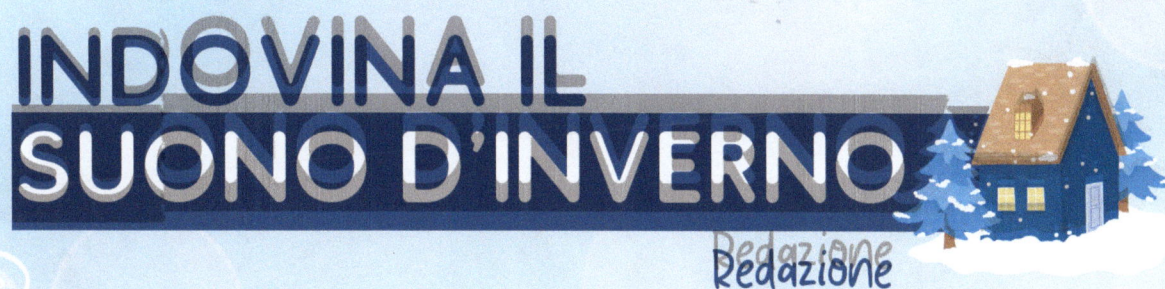

Redazione

PREPARAZIONE:
- Crea una playlist di suoni tipici dell'inverno. Alcuni esempi potrebbero includere il crepitio del fuoco, il rumore delle ciaspole sulla neve, il suono delle campane di Natale, e così via.
- Assicurati di avere un dispositivo per riprodurre i suoni (come un altoparlante Bluetooth o il telefono).

REGOLE DEL GIOCO:
- Raduna i partecipanti e fai ascoltare un suono alla volta.
- Ogni partecipante deve scrivere la sua risposta su un foglio di carta o dirla ad alta voce.
- Chi indovina correttamente il suono ottiene un punto.
- Puoi anche fare più round e aumentare la difficoltà con suoni meno comuni o mescolati insieme.

VARIAZIONI E EXTRA:
- Per rendere il gioco più interessante, aggiungi alcune domande bonus legate ai suoni. Ad esempio, dopo il suono del crepitio del fuoco, puoi chiedere: "Qual è il tuo ricordo preferito davanti al camino?"
- Se qualcuno ha conoscenze musicali, potrebbe anche indovinare canzoni natalizie a partire da piccoli estratti.

INDOVINA IL SUONO D'INVERNO

Redazione

Premi:
- Alla fine del gioco, chi ha accumulato più punti riceve un piccolo premio invernale, come una tazza di cioccolata calda o un cappello di lana.

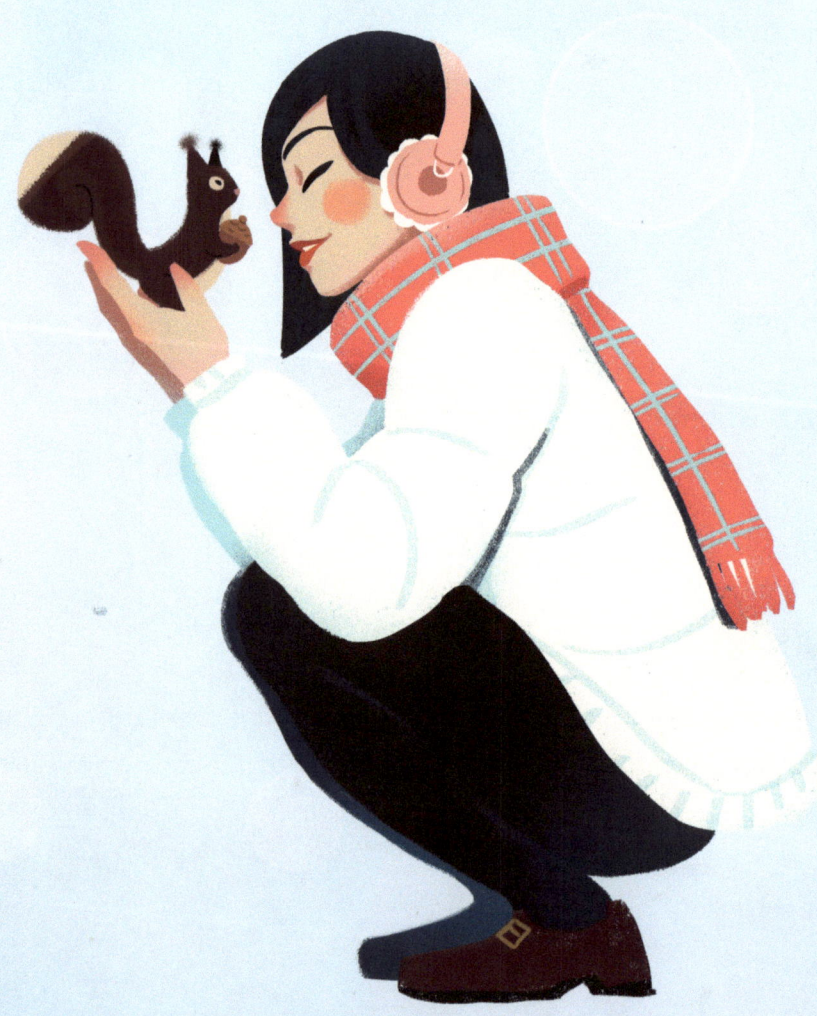

A NATALE TUTTO PUÒ SUCCEDERE... SOPRATTUTTO AL CINEMA

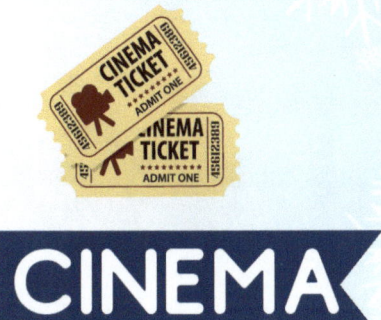

di Chiara Ricci

Cari lettori,
l'uscita natalizia non poteva prescindere da un tuffo nel Cinema e in quel mondo immaginario che in questo periodo dell'anno, più che in altri, ci induce a sognare, piangere, ridere e riflettere.
Ringraziamo la storica del Cinema Chiara Ricci, per il prezioso contributo, nonché la perizia, la sagacia e l'ironia con cui ci racconta come
A Natale tutto può succedere... soprattutto al Cinema

A Natale siamo tutti più buoni. Questo ci chiede e ci suggerisce la tradizione. Forse che sì forse che no si potrebbe rispondere prendendo a prestito il titolo del celebre romanzo di Gabriele D'Annunzio. E su questo dilemma dell'essere o non essere, che metterebbe ancor più in crisi lo stesso Shakespeare, il Cinema ha costruito parte della sua storia. Dal cinema muto ai giorni nostri - da The Christmas Angel di George Méliès del 1904 a Ops! È già Natale di Peter Chelsom, uscito nelle sale italiane proprio in questi giorni - il grande schermo ha sempre raccontato il periodo più magico dell'anno per antonomasia e lo ha fatto in modi assai diversi.

Animazione, action movie, dramma, commedia, melodramma, musical... Non c'è genere che il film natalizio non abbia sperimentato. Anzi, si è ritagliato - anche a buon diritto, dobbiamo ammetterlo - un filone tutto nostrano, un sottogenere particolarmente legato ai fasti della Commedia all'italiana di un tempo che non c'è più: il cinepanettone. Chi non ricorda Vacanze di Natale di Carlo Vanzina del 1983?

A NATALE TUTTO PUÒ SUCCEDERE... SOPRATTUTTO AL CINEMA

di Chiara Ricci

Tra ironia, un sano cinismo e tanta comicità, un coro di attori capitanati da Christian De Sica, Jerry Calà, Claudio Amendola, Mario Brega e Riccardo Garrone ci raccontano l'Italia di quel periodo e le sue abitudini, nel bene e nel male, nel trascorre le festività natalizie. Un film che ha fatto epoca e le cui battute sono ancor oggi famose e parte del nostro intercalare. Chi, ancora, almeno una volta, non si è sfogato con un liberatorio "E anche questo Natale se lo semo levato dalle..." riprendendo la saggia e comica battuta dell'avvocato Covelli, alias Riccardo Garrone?

Ma il cinema natalizio è anche altro. Sa essere pura magia e conquistare un vastissimo pubblico, grandi e piccini. Il motivo è assai semplice: a Natale tutto può succedere e la necessità di credere in questo rende ancora tutto più semplice. Inoltre, le trame di questi film – pensiamo a La vita è meravigliosa, l'imperdibile e leggendario film di Frank Capra del 1946 oppure a Miracolo nella 34ª strada nella versione originale del 1947 diretta da George Seaton e nell'omonimo remake del 1994 diretto da Les Mayfield. Come a dire: il tempo passa ma i sentimenti restano gli stessi. E i film natalizi si muovono proprio sul terreno dei buoni sentimenti e su quello di una perfetta linearità e consequenzialità narrativa. In tal modo, lo spettatore – che, in fondo in fondo, non chiede di meglio – può sentirsi al sicuro, rilassato e persino protetto da tutto ciò che resta al di là e al di fuori di quella storia. Questi film carichi di speranza, di buoni propositi e con l'immancabile happy end ci portano lontano. Forse, proprio alla nostra infanzia e all'incontro con quel "fanciullino" che il resto dell'anno dobbiamo tenere più nascosto o, fagocitati dalle nostre esistenze, non riusciamo ad ascoltare.

A NATALE TUTTO PUÒ SUCCEDERE... SOPRATTUTTO AL CINEMA

di Chiara Ricci

Forse, ancora, è per questo che ogni anno, come ormai da tradizione, ridiamo sempre a crepapelle rivedendo per la milionesima volta film come Mamma ho perso l'aereo (Chris Columbus, 1990) con i suoi sequel e Una poltrona per due (John Landis, 1983).

Ma c'è un però. Per qualcuno il Natale è anche una minaccia. Pensiamo al Grinch, all'avaro Scrooge, i Gremlins nella "persona" del terribile capobanda Ciuffo Bianco, il Baubau di Nightmare Before Christmas che rapisce persino Babbo Natale... o più concretamente a quelle famiglie che, come tradizione vuole, nonostante le incomprensioni più o meno taciute, si ritrovano riunite intorno a una tavola.

Ecco, Mario Monicelli, Maestro indiscusso e padre della Commedia all'italiana con il suo fantastico e lungimirante Parenti serpenti del 1992 ci porta a una visione più concreta, cinica, scomoda e reale del Natale visto dagli adulti: Fratelli e sorelle si riuniscono in casa dei loro genitori al paese natio e, una dopo l'altra, scoppiano letteralmente – è proprio il caso di dirlo – bombe che porteranno, attraverso un estremo cinismo, all'aridità dei sentimenti e alla fine di quella magia e di quei buoni sentimenti che il Natale esige e non chiede.

Anche per questo dobbiamo ringraziare il nostro Cinema: riesce sempre a guardare le cose da una prospettiva e da un'angolazione diverse. Soprattutto, ci offre la possibilità di scegliere da che parte stare, se ridere o piangere, se vedere o sentire. Se poi a tutto questo si aggiunge la potenza di menti geniali e la forza naturale del Natale... non si può restarne indifferenti.

Perciò: buon Natale e buon Cinema! E anche se nel vostro animo si nasconde un piccolo grande Grinch restate buoni... se potete!

Al cinema...

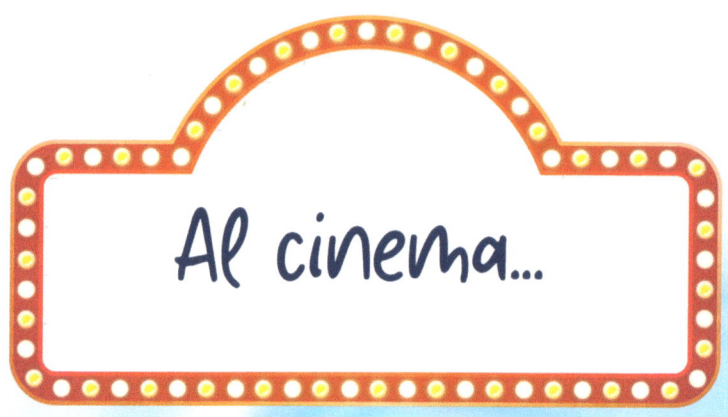
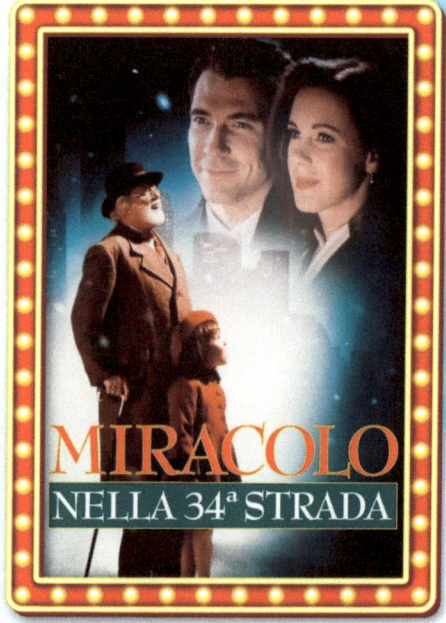
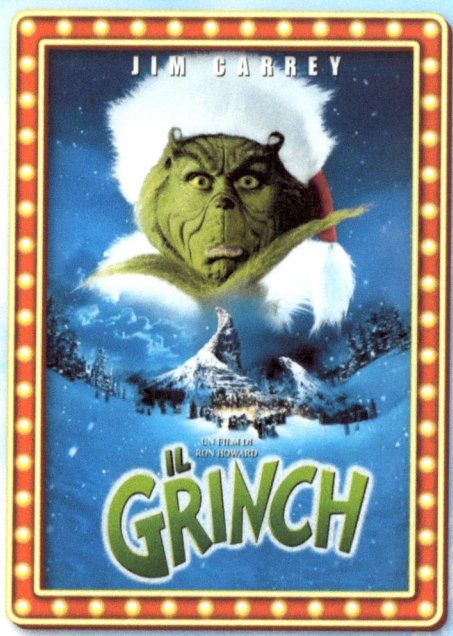
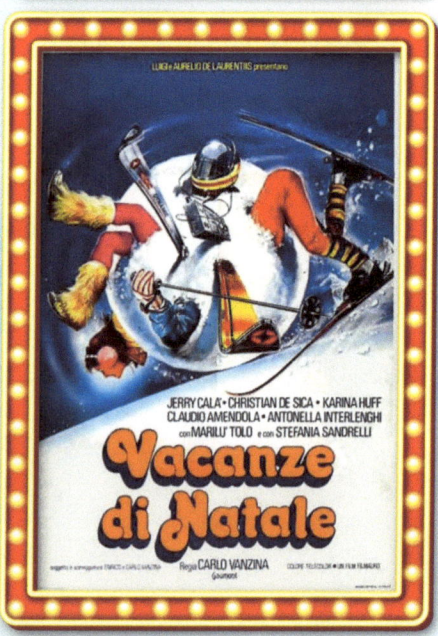
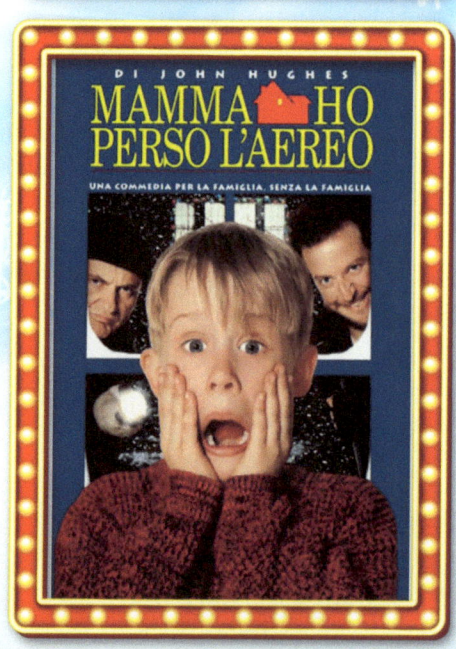

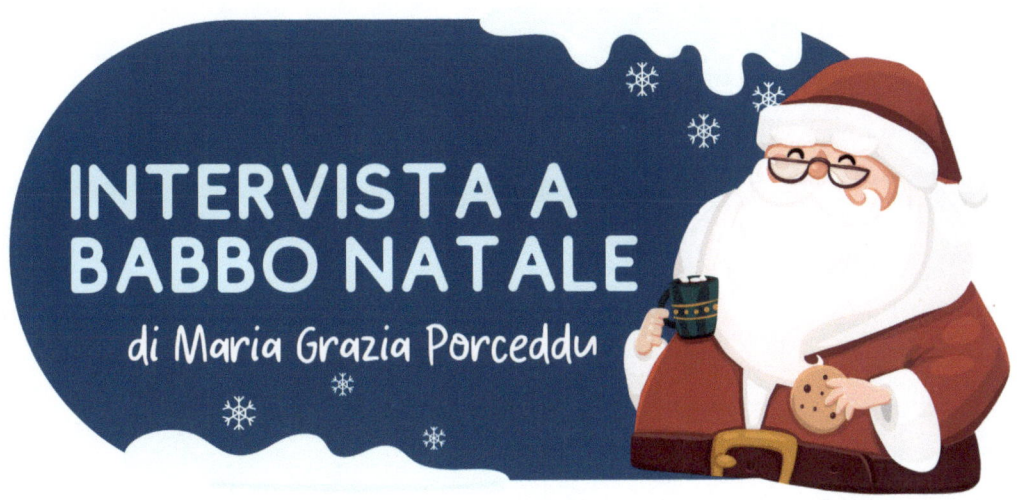

INTERVISTA A BABBO NATALE
di Maria Grazia Porceddu

"Pistaaa"
Una vocina trillante rompe il silenzio ovattato della stanza, mentre tre pile ordinate di lettere svolazzano spedite in direzione della scrivania come avessero vita propria. Curiosa, osservo la buffa testolina rossa dal cappello a punta verde, stesso colore di panciotto e pantaloni, che spunta bizzosa quando il prezioso carico viene lasciato davanti a Babbo Natale.
"Eccole, sono appena arrivate!" annuncia il paffuto elfo.
Quindi si gira e toglie il copricapo accompagnando il saluto con un sorriso di scuse per il disturbo recato.
"Grazie Peppermin, hai proprio fatto un ottimo lavoro!" Babbo Natale gli scompiglia la chioma fiammeggiante e lui gorgheggia orgoglioso, mentre saltellando esce dalla stanza.

Beh, mi guardo intorno e non riesco ancora a credere di essere a qualche chilometro dal Circolo Polare Artico. Un allegro fuocherello danza nel camino alla mia sinistra e riscalda la stanza racchiusa in un'accogliente penombra dove giocano luci soffuse.

Mi schiarisco la voce e osservo ancora una volta Babbo Natale, accomodato al lato opposto della scrivania, davanti a un pc, con gli occhiali appena calati sul naso e il sorriso barbuto mentre mi guarda e si accarezza la folta barba bianca.

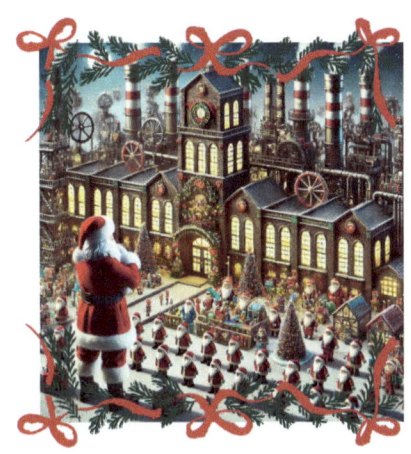

INTERVISTA A BABBO NATALE

di Maria Grazia Porceddu

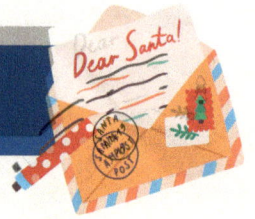

Per arrivare qui ho dovuto attraversare l'intero villaggio, enorme e fantasmagorico, con case e palazzi scavati nel ghiaccio. La liscia superficie sotto la pallida e romantica luce di un giorno assai strano, riluce e riflette la scia di una arcobaleno, seguendo il quale sono giunta alla casa dei giocattoli e quindi a Babbo Natale.
E ora, sono proprio nel suo ufficio.
Interno regna un caos ordinato, tra scatoloni, una serie di sacchi di iuta, un tavolino con un contenitore pieno di caramelle e un albero addobbato con ghirlande dorate. Sulla scrivania un telefono che funge anche da fax dal quale fuoriesce un foglio chilometrico, avvolto su se stesso.
Stringo registratore, block notes e penna tra le mani.
Dopo il giro nel deposito di giocattoli di Babbo Natale (ho scattato delle foto per voi) non riesco ancora a credere a tutta questa meraviglia. È un sogno.
Lui mi guarda benevolo, segno che attende inizi la nostra chiacchierata.
Abbiamo parlato finora del più e del meno, dei miei ricordi di bambina e di quando mi aveva portato la bici nuova.

Mi ha anche confessato che per trovarla i suoi elfi erano impazziti, visto che quell'anno tutti i bambini ne avevano chiesta una.
"Bene bene, se tu sei pronta, lo sono anch'io" mi dice con la sua voce inconfondibile, profonda e ovattata.
Prendo fiato. Clicco il testo "play" del registratore che poggio sulla scrivania.
Inizio standard:

HO! HO! HO!

Mary Grace: Ciao Babbo Natale, innanzitutto, grazie per avermi concesso quest'intervista esclusiva per il nostro magazine.

Babbo Natale: Oh oh oh! Ma grazie a te per aver fatto un così lungo viaggio per venire a farmi visita. È vero che sono sempre indaffarato e in questo periodo ancor più, ma mi fa sempre piacere ricevere ospiti, soprattutto se posso mostrare ai bimbi del mondo il grande lavoro che c'è dietro a ogni Natale!

INTERVISTA A BABBO NATALE

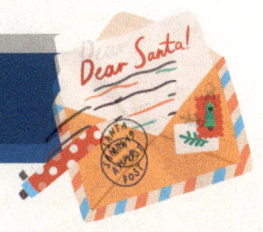

di Maria Grazia Porceddu

Mary Grace: Prima di cominciare, come vuoi che ti chiami? Babbo Natale, Santa Claus...
Si gratta il mento.

Babbo Natale: Ah, ho tanti di quei nomi che quasi non li ricordo neanche più. Si porta una mano sul capo scoperto (mentre lo intervisto, il suo cappello rosso e bianco è appoggiato a un attaccapanni di legno che ha la forma di un enorme renna). Uno per ogni angolo del mondo. Santa Claus da san Nicola, da qui Saint Nicholas, St. Nick eccetera, ma chiamami pure Babbo Natale, o se ti piace di più, Joulupukki, come mi chiamano qui in Finlandia.
Si aggiusta gli occhiali.
Io aggrotto la fronte.

Mary Grace: Cosa significa Joulupukki?

Babbo Natale: Si avvicina e sottovoce mormora: Deriva da "joulu" che significa Natale e "pukki" che nella tua lingua significa, più o meno, direi: "caprone".
Lo guardo sorpresa.
Ridacchia.

Babbo Natale: È una lunga storia, questa figura, alle origini era legata ai festeggiamenti invernali precristiani, poi, come raccontano qui, nel tempo, la definizione ha cambiato significato ed eccomi qui: ti presento Joulupukki!"
Sorride sotto la folta barba, poggiandosi all'indietro sulla sedia.

Mary Grace: Quanto lunga?

Babbo Natale: Lunghissima (fa un cenno eloquente con la mano).
Wow!

Mary Grace: Ma da quanto tempo vivi qui?

Babbo Natale: ... (ci pensa su) Stando a quanto dicono i saggi, dovrei essere nato all'incirca nel IV secolo dopo Cristo. Sì, sì, proprio così. Ma ho aperto l'ufficio qui in Lapponia da poco tempo, qualche centinaio d'anni.
Strabuzzo gli occhi.

Mary Grace: Babbo Natale, ma quanti anni hai?!

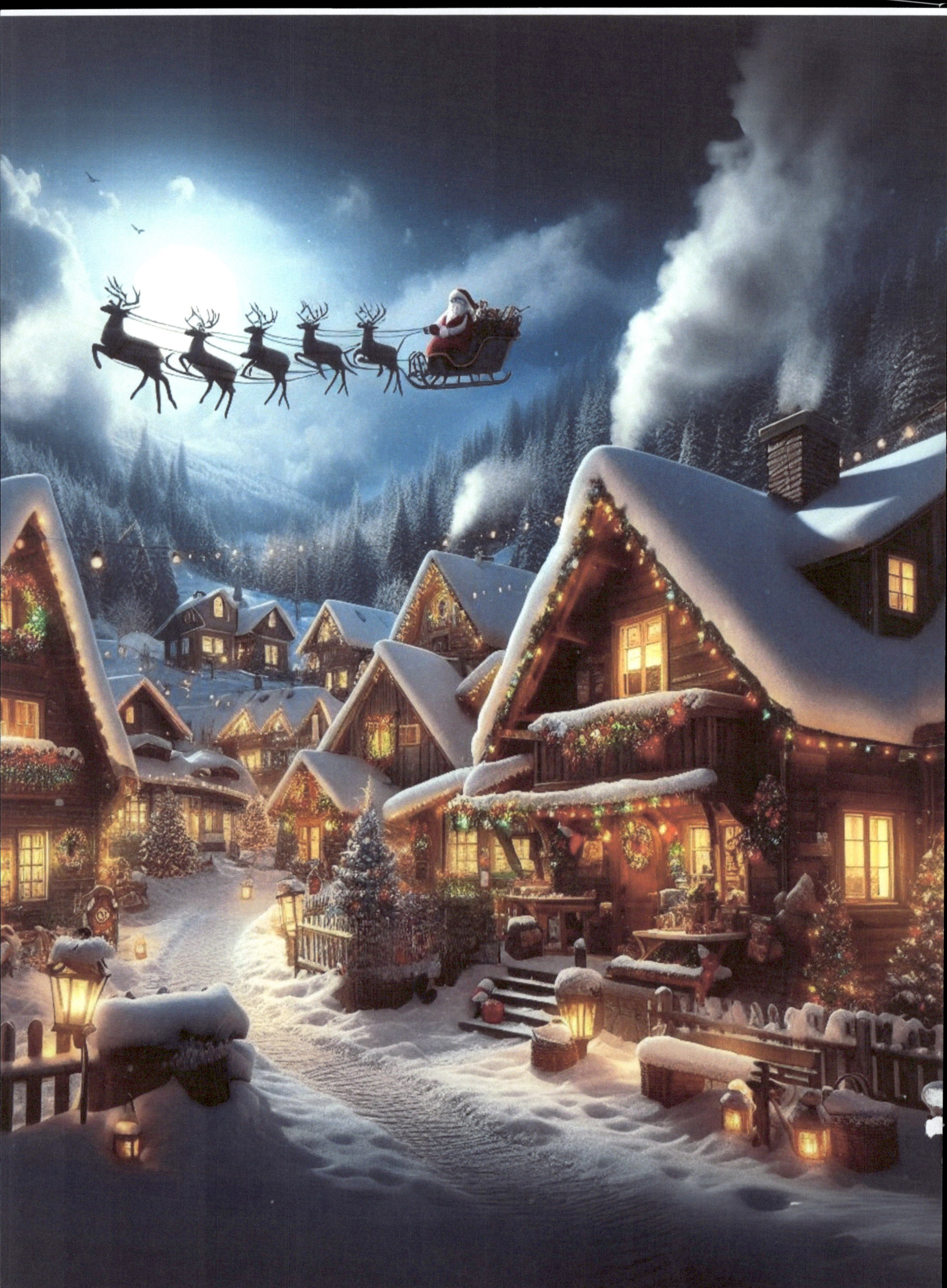

IINTERVISTA A BABBO NATALE

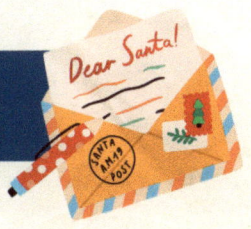

di Maria Grazia Porceddu

Babbo Natale: Beh, (ridacchia ancora scuotendosi tutto) facendo due conti, (prende la calcolatrice alla sua destra) e digita frenetico... MOLTI!" Ed esplode in una risata contagiosa. Ariwow!

Mary Grace: Queste che ti ha portato l'elfo di prima sono delle lettere.
Indico le pile sulla scrivania.
Quante ne ricevi ogni anno?

Babbo Natale: Beh, sarebbe meglio dire ogni giorno. Pensandoci non le ho mai contate tutte, ma credo siano milioni. Pensa che riempiono migliaia e migliaia di gigantesche cassette postali dove vengono riposte affinché non ne vada persa nemmeno una.

Immagino la scena.

Mary Grace: Come fai a leggerle e a ricordare tutte le richieste?

Babbo Natale: Ah, ma ci sono gli elfi addetti allo smistamento delle lettere! Io le leggo tutte, una per una (indica le lettere appena ricevute) poi, su mia indicazione, gli elfi le smistano differenziandole per paesi e nominativi dei bambini.

Ogni anno, dal primo giorno di dicembre, gli elfi lavorano notte e giorno per raccogliere i desideri dei bambini, passarli all'ufficio giocattoli e poi far arrivare i doni a me, puntuali, due notti prima del Natale.

Batto le mani. Mi sembra di essere tornata bambina.

Mary Grace: Ma il primo giorno di dicembre è oggi?

Babbo Natale: Proprio così, mia cara, per questo c'era tutto quel trambusto nel deposito dei giocattoli. In questi giorni, fino a metà dicembre, arrivano le ultime lettere dai bambini del Mondo e man mano che le leggo, gli elfi provvedono a esaudire le richieste, confezionare i pacchi e ammucchiarli.

Mary Grace: Cosa chiedono i bambini?

Babbo Natale: Ti sorprenderà sapere che chiedono sì, tanti giocattoli, ma ci sono anche quelli che mi scrivono solo per sapere se esisto;

INTERVISTA A BABBO NATALE

di Maria Grazia Porceddu

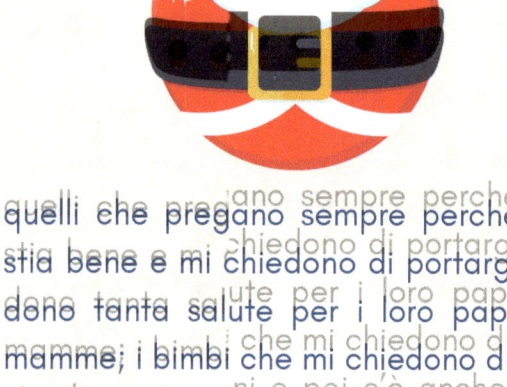

quelli che pregano sempre perché io stia bene e mi chiedono di portargli in dono tanta salute per i loro papà e mamme; i bimbi che mi chiedono di far star bene i nonni e poi c'è anche chi desidera che tutte le persone cattive diventino buone, non ci siano più guerre e più malattie per grandi e piccini.

Si commuove.
Sospira.
Restiamo in silenzio.
Poco dopo, il sorriso torna sul suo volto.
E gli occhi brillano.

Babbo Natale: Oh mia cara, non vedo l'ora arrivi la Notte di Natale. È un turbinio di emozioni, attesa e tanta tanta emozione. Le renne scalpitanti, Rudolph che mantiene la calma nel suo ruolo di caposlitta e tutti gli elfi che controllano i pacchi da caricare.

Ogni carico viene legato all'altro in una lunghissima coda colorata che solca il cielo.

Mary Grace: Posso aspettare qui con te la Notte di Natale?

Babbo Natale mi sorride. Poi, sbircia in un cassettino della scrivania come cercasse qualcosa.

Babbo Natale: Eccola!
Mentre mi mostra quello che sembra un chicco luminoso.
Vedi, questo è un pezzetto di stella cadente che l'anno scorso è rimasto impigliato nella mia slitta.

Allunga la mano verso di me e io tendo la mia.

Babbo Natale: Tieni, è per te. Esprimi un desiderio. E ricordati che la magia è tale solo nel segreto della Notte di Natale...

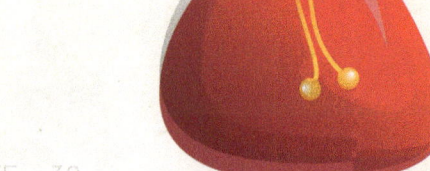

INTERVISTA A BABBO NATALE

di Maria Grazia Porceddu

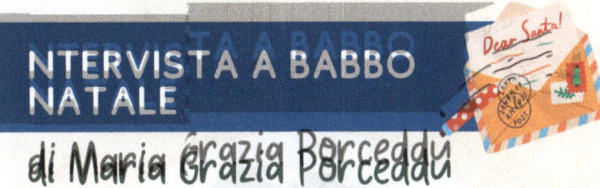

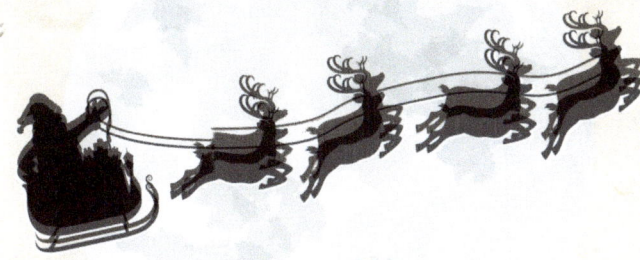

L'immagine di Babbo Natale sbiadisce davanti ai miei occhi come pure il suo sorriso. Un tonfo improvviso e il suono della sveglia del cellulare mi risuona nelle orecchie.

Ma era tutto un sogno! penso sbuffando, mentre scalcio per liberarmi dal copriletto e alzarmi.

Eppure... l'attenzione si sposta sul pugno chiuso della mia mano. Sento qualcosa di strano. L'apro e vedo una piccola luce. La stella cadente.
Sorrido, mentre ripenso alle sue parole: E ricordati che la magia è tale solo nel segreto della Notte di Natale...

GHIRLANDA DI ARANCE ESSICCATE

Redazione

Materiali:
- Arance fresche
- Forno
- Filo di cotone o spago
- Ago da cucito grosso
- Nastri decorativi (opzionale)
- Rametti di pino, bacche, o altre decorazioni naturali (opzionale)

Istruzioni:

Preparazione delle Arance:
- Preriscalda il forno a 100°C.
- Taglia le arance a fette sottili, circa 0,5 cm di spessore.
- Asciuga le fette di arancia con un panno da cucina per rimuovere l'eccesso di umidità.

Essiccazione nel Forno:
- Disponi le fette di arancia su una teglia rivestita con carta da forno, facendo attenzione a non sovrapporle.
- Metti le fette di arancia nel forno e lasciale essiccare per 2-3 ore, girandole a metà cottura. Le fette dovrebbero diventare rigide e asciutte, ma ancora di un bel colore brillante.

CREAZIONE
GHIRLANDA DI ARANCE ESSICCATE
Redazione

Creazione della Ghirlanda:
- Una volta che le fette di arancia sono completamente essiccate, infila un ago con un pezzo di filo di cotone o spago.
- Passa l'ago attraverso il bordo di ogni fetta di arancia, creando una lunga fila di fette essiccate. Puoi alternare le fette di arancia con rametti di pino, bacche o altre decorazioni naturali per un effetto più variegato.

Decorazione Finale:
- Una volta raggiunta la lunghezza desiderata, fai un nodo alle estremità del filo per fissare la ghirlanda.
- Se desideri, aggiungi nastri decorativi per un tocco extra.

Esposizione:
- Appendi la ghirlanda in casa, su una porta, una finestra o anche sulla mensola del camino. L'odore delle arance essiccate riempirà la casa di un profumo delizioso e invernale.

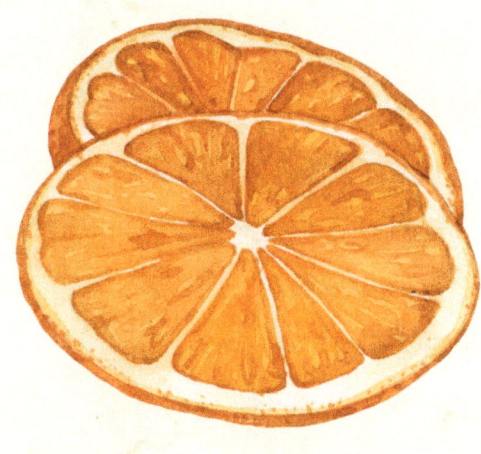

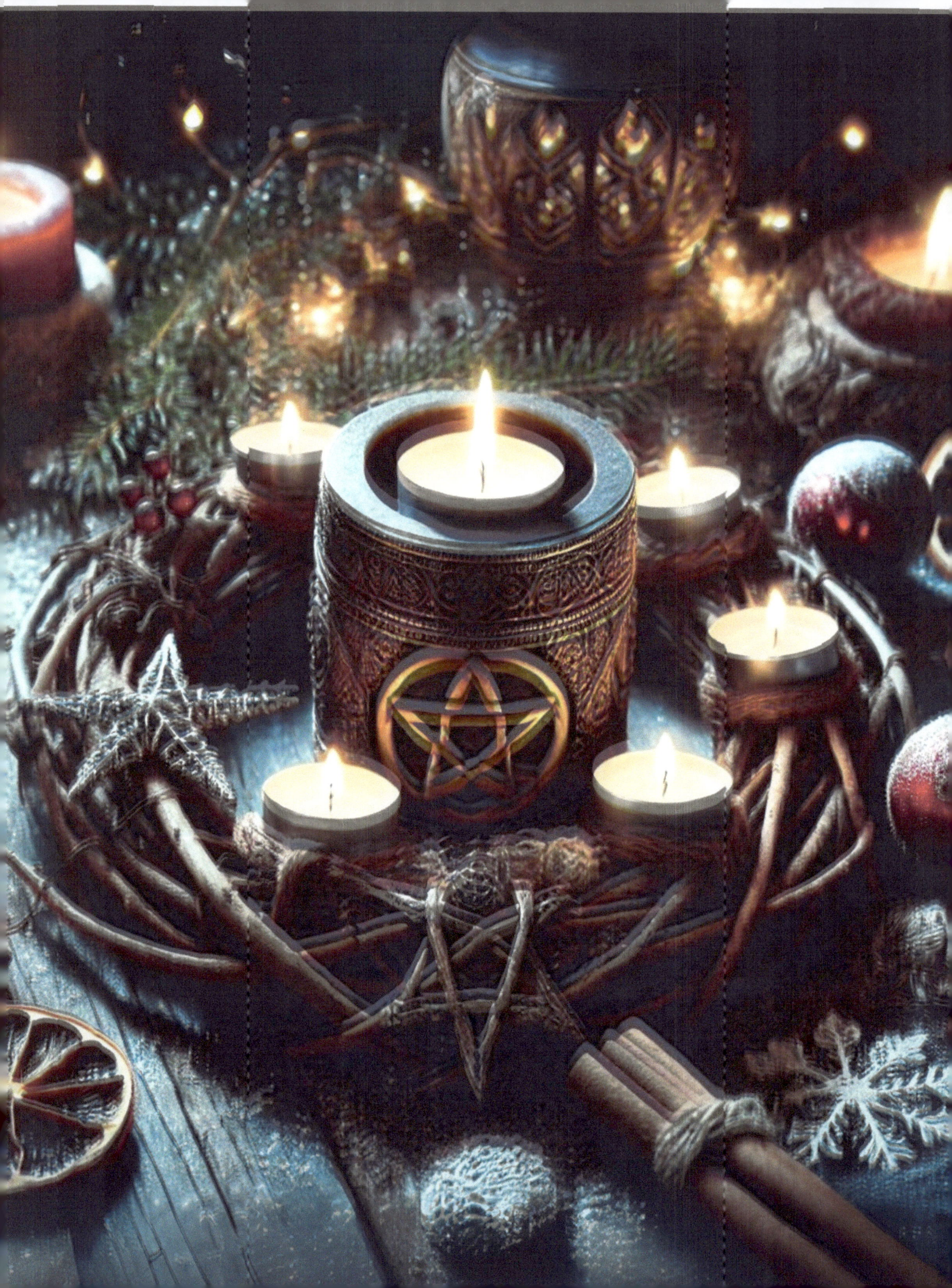

IL RITUALE DI YULE: CELEBRAZIONE DEL SOLSTIZIO D'INVERNO

di Rosa Caruso

Con l'arrivo del solstizio d'inverno, una delle notti più lunghe dell'anno, i Celti si preparavano a celebrare **Yule**, un rituale che segnava la rinascita del sole e l'avvento della luce. Questo antico rito non era solo una celebrazione del cambiamento stagionale, ma una profonda espressione di speranza, rinnovamento e connessione con il ciclo naturale della vita.

La preparazione per Yule iniziava con la decorazione delle case con piante sempreverdi come agrifoglio, edera e vischio. Queste piante, che rimanevano verdi durante l'inverno, simboleggiavano la vita eterna e la resistenza contro le difficoltà. La comunità si radunava attorno a un grande falò, che diventava il cuore della celebrazione, irradiando calore e luce in una notte altrimenti fredda e buia.

Uno degli elementi centrali del rituale era l'accensione del Ceppo di Yule, solitamente ricavato da una quercia, un albero sacro per i Celti. Il ceppo, decorato con nastri e erbe aromatiche, veniva bruciato nel focolare. Il fuoco non era solo una fonte di calore, ma un potente simbolo di protezione, purificazione e rinnovamento. Le ceneri del ceppo venivano raccolte e conservate come talismani di buona fortuna per l'anno a venire.

IL RITUALE DI YULE: CELEBRAZIONE DEL SOLSTIZIO D'INVERNO

di Rosa Caruso

Durante la notte del solstizio, famiglie e amici si riunivano attorno al fuoco per cantare antichi canti e raccontare storie di miti e leggende. I druidi, le guide spirituali del villaggio, conducevano preghiere e benedizioni, invocando la protezione degli dei e degli antenati. Le storie narrate parlavano spesso di rinascita e rinnovamento, infondendo speranza e coraggio nei cuori di tutti i presenti.

In segno di gratitudine e rispetto per le forze naturali, gli abitanti del villaggio lasciavano offerte di cibo e bevande agli dei e agli spiriti della natura. Questi doni, posizionati vicino agli alberi o lungo i ruscelli, erano un modo per assicurare un raccolto abbondante e una protezione continua per la comunità.

La notte di Yule era considerata una notte magica e sacra. Si credeva che il potere del sole rinato portasse nuove energie e guarigione. Molti partecipanti facevano voti e desideri per l'anno nuovo, confidando nella benevolenza delle forze naturali. Questa celebrazione, con la sua combinazione di fuoco, canti, offerte e racconti, creava un'atmosfera di calore e connessione, ricordando ai Celti l'importanza della comunità e della natura anche nei momenti più bui dell'anno.

Yule rappresentava un ponte tra il passato e il futuro, un momento di riflessione e rinnovamento che permetteva ai Celti di affrontare l'inverno con speranza e forza. Anche oggi, possiamo trarre ispirazione da queste antiche tradizioni, trovando calore e conforto nelle storie e nei rituali che ci uniscono.

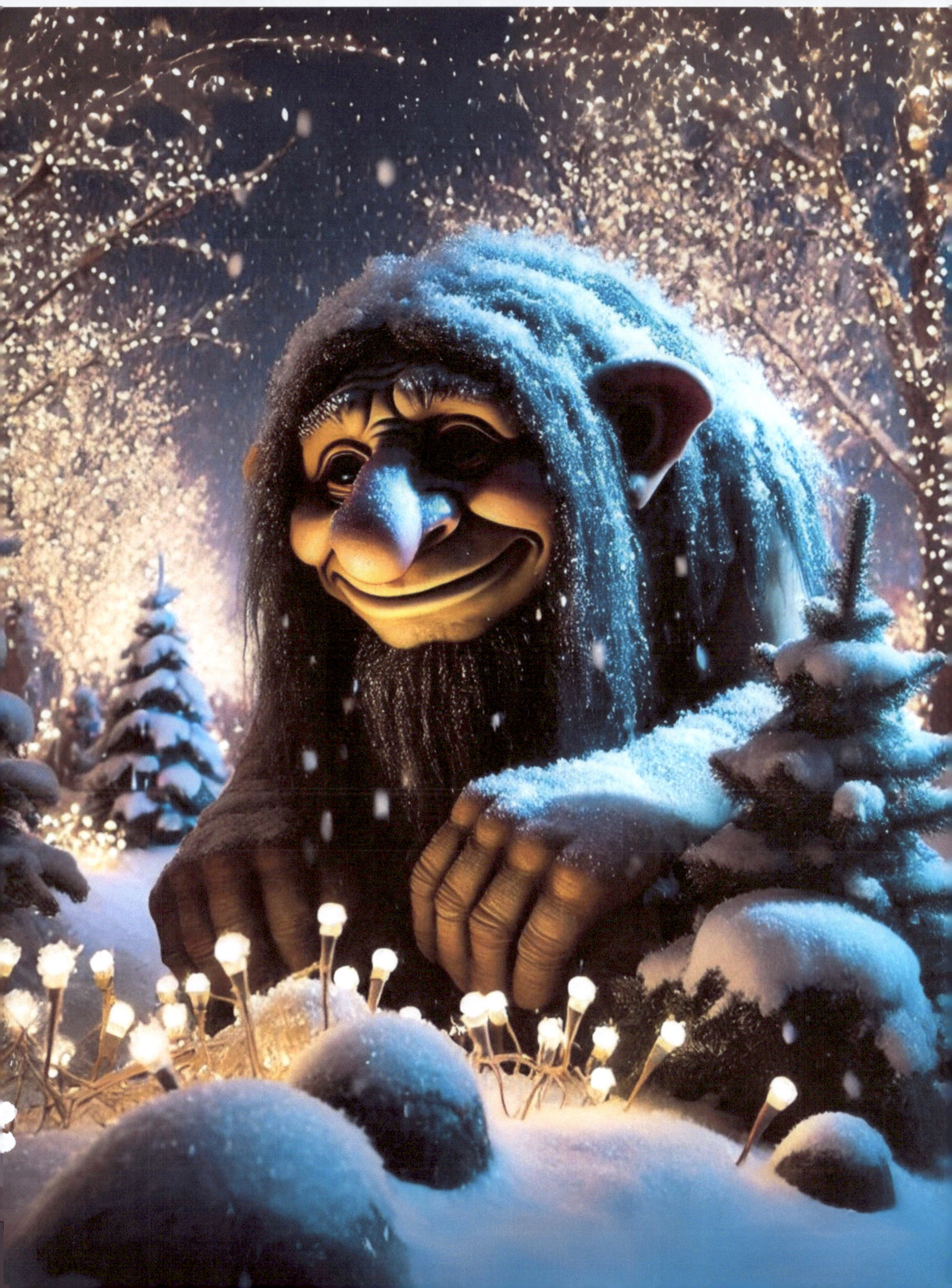

LA LEGGENDA DEI TROLL

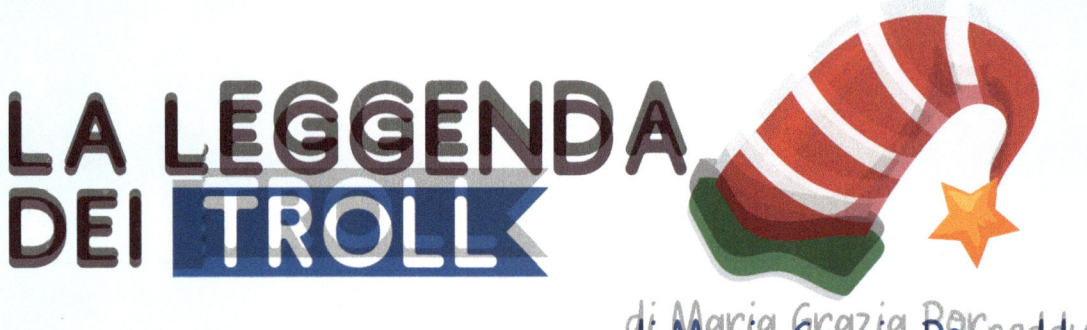

di Maria Grazia Porceddu

Non so a voi, ma a me i troll stanno simpatici.
Forse per l'aspetto poco raccomandabile o il loro essere un po' schive e misteriose, queste creature fantastiche che animano l'immaginario di grandi e piccini, hanno il loro fascino.
E se dovesse capitarvi di fare un viaggio tra fiordi, foreste e altri splendori naturali della Norvegia, prestate molta attenzione, perché potreste incontrarli intrappolati in strane formazioni rocciose.
E vi sembrerà assurdo, ma in Islanda sono creaturine molto natalizie...
Ma andiamo per ordine.

C'erano una volta, tantissimo tempo fa, delle strane creature che vagavano tra le montagne e foreste della Norvegia: i troll. Non li si vedeva mai in giro di giorno, perché, ascoltatemi bene, temevano la luce. Ebbene sì, essi uscivano solo di notte e scomparivano allo spuntare del sole, che se li avesse appena sfiorati con i suoi raggi, li avrebbe mutati in pietra.
"Ohhh!" farete voi.
Qualcuno, infatti, potrete ritrovarlo pietrificato in suggestive formazioni rocciose. Hanno sembianze umane. Di certo non sono belli a vedersi. La leggenda vuole che abbiano lunghi nasi, quattro dita per ciascuna mano e piede, il corpo rugoso e squamoso e una buffa coda pelosa, ma una cosa è certa, amano la tranquillità e la natura, che curano con diligenza.
Beh, apprezzano anche la compagnia, a qualcuno di loro piace avere gente intorno.
Ah, un particolare importante: sono sempre spettinati.

LA LEGGENDA DEI TROLL

di Maria Grazia Porceddu

Molti sono giganteschi e inquietanti, altri piccoli e giocherelloni. Secondo chi li ha visti, possono avere una testa o anche tre. Addirittura, ci sono quelli con un occhio solo. Possono vivere anche più di cent'anni. C'è chi abita laghi e torrenti, ci sono poi coloro che vivono sulle montagne o nelle caverne.
Alcune leggende norvegesi raccontano che solo i bambini possono vederli.
Non hanno un bel carattere. Sono stupidi, ma certi sono maestri negli indovinelli. E se da un lato amano la natura, al contrario, non hanno molta simpatia per noi esseri umani.
Da un certo punto di vista, li capisco. Ma questa è una divagazione.
Dunque, i troll sanno essere anche carini e coccolosi; in genere, dispettosi, crudeli e un po' rozzi, se trattati con cura possono diventare dei veri amici fidati.

Cambio scenario.

Se qui da noi arriva Babbo Natale, in Islanda, udite udite, ce ne sono ben tredici di simil Babbi Natale! Simil, dicevo, perché se per noi ha le fattezze di un omone barbuto, vestito di rosso e bianco, in Islanda ha le fattezze della gigantessa Gryla e degli Yule Lads, ovvero, tredici sudici troll di Natale.
In origine, dall'indole poco raccomandabile, oggi, queste singolari creature natalizie, hanno assunto nell'immaginario un aspetto più rassicurante, con abiti bianchi e rossi, barbe soffici e sorrisi enormi. Ai bambini buoni mettono regali nella scarpa lasciata sui davanzali e, una patata per quelli che lo sono stati un po' meno...

THEO E CAMILLE E L'ALBERO DI NATALE PERFETTO

di Floriana Giliberto

Mancava solo una settimana a Natale e Theo e Camille, i due teneri orsetti, non avevano ancora trovato l'albero perfetto per la loro casetta.

Nel bosco fervevano i preparativi e tutti erano affaccendati ad allestire e organizzare.

Insomma, regnava un gran bel trambusto, ma l'aria era così gioiosa che non si poteva proprio fare a meno di canticchiare canzoncine natalizie. Luci e ghirlande attendevano solo di essere protagoniste di porte e finestre, mentre dolci golosi, appena sfornati e ancora caldi, erano destinati a pacchetti graziosi con tag e sonagli.

Era davvero il periodo più magico dell'anno.

Dopo aver trascorso tutta la mattina ad addobbare, era giunto il momento per Theo e Camille di occuparsi di una faccenda altrettanto importante: trovare l'albero perfetto!

A bordo del loro pick-up di un rosso splendente, si recarono al Botanical Book Coffee dove, tra un sorso di ginseng e il profumo di libri miscelato a quello degli abeti, avrebbero sicuramente trovato ciò che desideravano.

"Guarda Camille, cosa ne pensi di questo abete... maestoso?" esordì Theo osservandolo con meraviglia.

Camille alzò lo sguardo ed esclamò a sua volta: "Ohhh Theo, è il più bello che potessi trovare. Sarà perfetto per il nostro angolo in cucina!"

Mentre ritornavano a casa, con l'albero, pensavano con impazienza al momento in cui lo avrebbero addobbato con biscotti di Pan di zenzero ed altre leccornie preparate con le loro mani.

Qualcosa, però, non andò secondo i piani...

THEO E CAMILLE E L'ALBERO DI NATALE PERFETTO

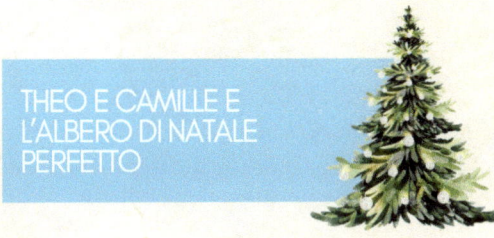

di Floriana Giliberto

Era tutto troppo magico, troppo gioioso, insomma cosa avrebbe mai potuto sconvolgere quella splendida giornata?
Eppure accadde.
Theo proseguiva lungo la strada che li portava a casa, canticchiando canzoncine inventate al momento "La magia del Natale fa la la la... la la la... decoriamo il nostro abete la la la... la la la".
Camille lo interruppe invitandolo a fermarsi all'emporio, aveva dimenticato la cannella per preparare i gingerbread man. Entrarono nella piccola bottega della Signora Coraline, una tenera volpina agghindata a festa che prontamente incartò quanto richiesto.
Ne uscirono entusiasti. La giornata stava volgendo al termine felice, quando...
"Camille?! Ma dov'è finito il nostro abete!" Theo era sbigottito.
Camille trasalì. Era a dir poco sconvolta. "Mah Theo, era sul cassone fino a poco fa!"
Visibilmente sconcertati, cominciarono le ricerche qua e là, ma dell'albero, nessuna traccia.
Il sole era ormai tramontato lasciando spazio alla sera e non sarebbe stato semplice trovarlo nell'oscurità. L'abile Camille, però, da brava osservatrice e "detective", aveva scorto un pezzetto di soffice brioche proprio accanto alla ruota dell'auto.
"Theo, ho la netta sensazione che ci troviamo davanti alla scena di un furto."
La magia del Natale non poteva spegnersi così, con il mistero dell'albero scomparso e la tristezza negli animi degli abitanti del bosco.

THEO E CAMILLE E L'ALBERO DI NATALE PERFETTO

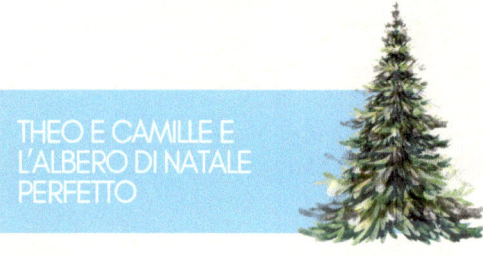

di Floriana Giliberto

"En no!!" disse ancora Camille, con fermezza. "Il ladro dell'albero non la farà franca. Proprio no!"

Esaminò con attenzione il frammento ritrovato, lo annusò e subito esclamò: "Ma è Pandoro!" Camille aveva capito che il ladro dell'albero era più vicino di quanto pensasse.

Escogitò così un piano infallibile per smascherarlo e riportare l'albero a casa. Cospargendo il breve tratto che dalla loro auto conduceva al folto del bosco di varie leccornie, Camille era certa che il ladruncolo sarebbe sbucato saccheggiando ogni delizia...

Dunque, preparata la trappola, Camille e Theo si nascosero dietro un albero in attesa...

Detto fatto!

"Beccato!" gridò fiera Camille precipitandosi ad acciuffare il ladro.

I due orsetti rimasero senza parole nell'apprendere che il ladro era niente meno che... Leopold! La renna di Babbo Natale!

"Mah Leopold, perché hai rubato il nostro albero?!" chiese Theo stupito.

Dietro quell'abete si celava una storia straordinaria che Leopold cominciò a narrare. Si disse dispiaciuto ma lui voleva solo salvare il Natale di un piccolo villaggio.

Raccontò che al Christmas Cake Village era svanita la magia del Natale. Non c'erano più alberi da decorare e tutto era triste. Quell'albero aveva un potere speciale, diffondeva polvere di stelle esaudendo i sogni di tutti gli abitanti del villaggio, dando loro gioia e incanto. Leopold non era un ladro, voleva solo sorrisi felici e restituire la luce ormai persa al villaggio più magico di sempre.

I due orsetti si commossero e decisero di aiutarlo. Così, andarono tutti insieme al Christmas Cake Village per donare l'albero che avrebbe riportato la magia del Natale.

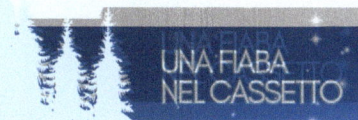

LA FATA DELL'INVERNO

di Jane Rose Caruso

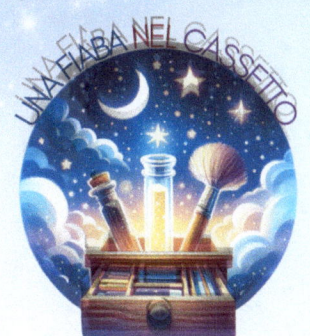

C'era una volta, nel bosco avvolto da un manto di neve scintillante, una fata di nome Neve.

Ogni anno, quando il freddo avvolgeva la terra, Neve si svegliava dal suo sonno per portare bellezza e meraviglia nel suo regno. La sua magia era unica: con un semplice tocco, trasformava i rami degli alberi in sculture di ghiaccio, decorava le foglie con cristalli di neve e faceva brillare il bosco come un gioiello sotto la luce della luna.

Gli animali del bosco la adoravano e attendevano con ansia il suo arrivo, sapendo che la sua magia avrebbe reso il loro mondo ancora più incantevole.

Un giorno, mentre Neve danzava tra gli alberi, notò una piccola volpe che sembrava triste e solitaria. Curiosa, si avvicinò e chiese:

"Perché sei così triste?"

La volpe rispose: "Non ho mai visto la bellezza che porti. La neve mi sembra fredda e il bosco è silenzioso senza amici con cui condividerlo."

Neve, colpita dalle parole della volpe, decise di aiutarla. Con un gesto della mano, creò un festival di luci e colori. Fiocchi di neve danzavano nell'aria, formando figure di animali e fiori, mentre un dolce canto si diffondeva nel bosco.

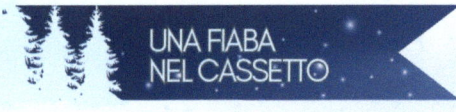 **di Jane Rose Caruso**

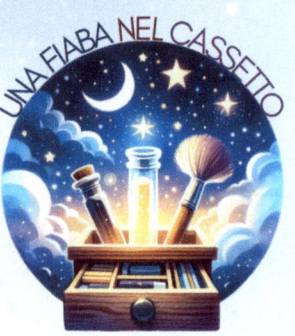

Gli altri animali, attratti dalla magia, si unirono alla festa. Fiocco, vedendo la bellezza del bosco trasformato, si sentì finalmente felice. Iniziò a correre e a giocare con i suoi nuovi amici, scoprendo che la neve non era solo fredda, ma anche piena di vita e meraviglia.

Grazie a Neve, capì che la bellezza del bosco si moltiplicava quando era condivisa con gli altri. Da quel giorno, il bosco divenne un luogo di amicizia. Neve continuò a portare la sua magia ogni inverno e il bosco rimase un luogo magico.

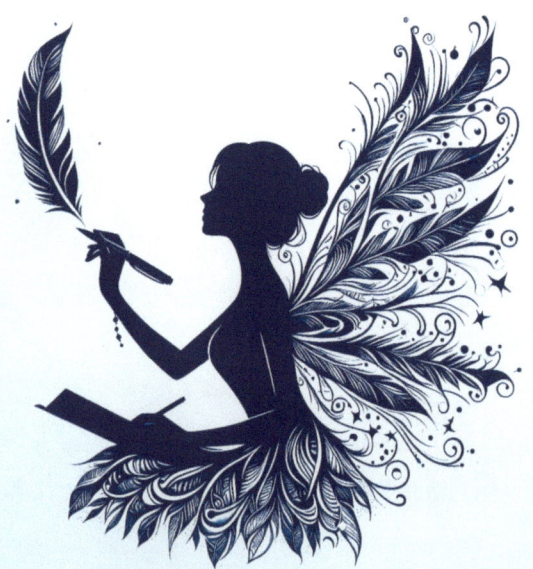

Fine

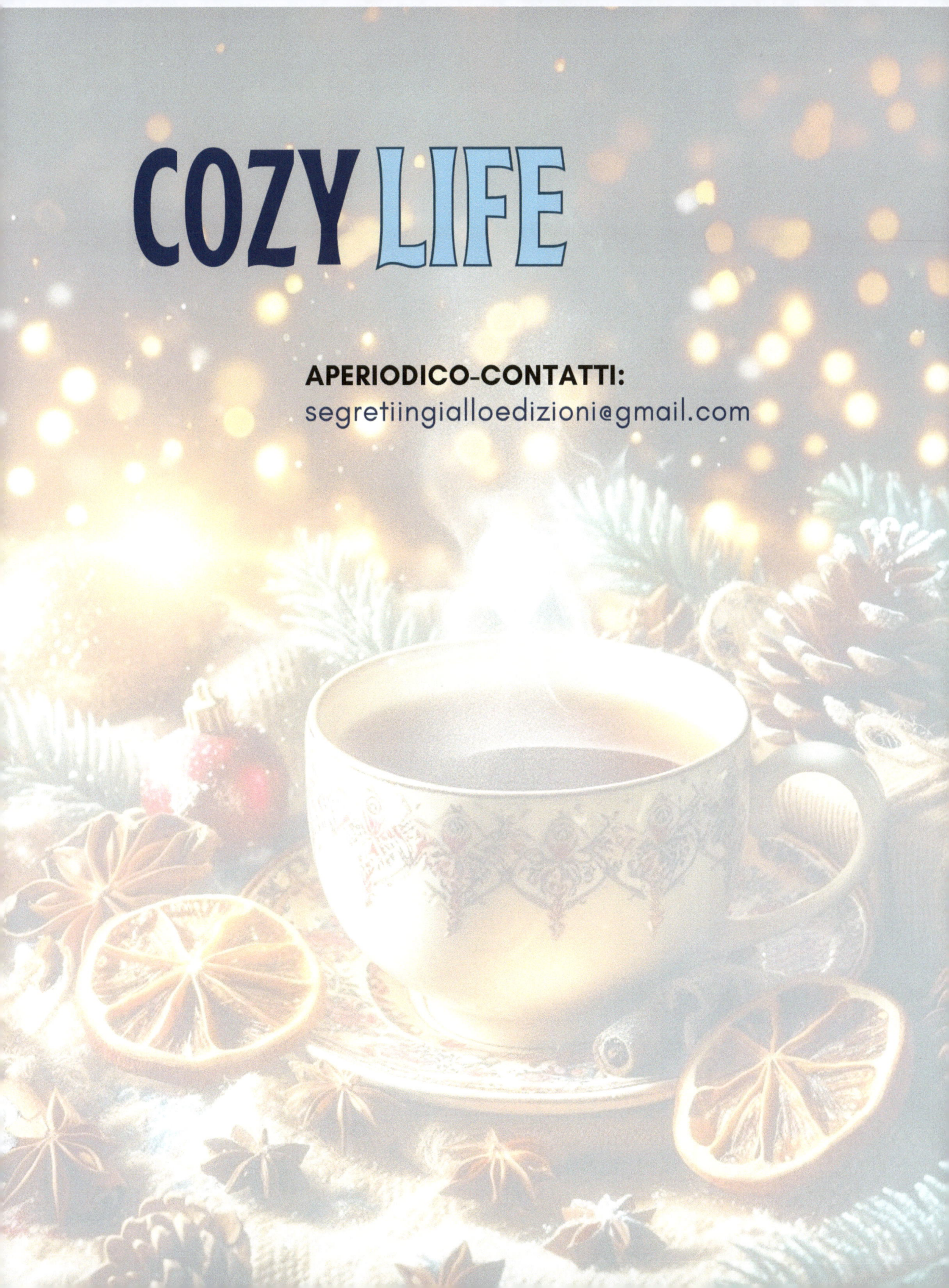

www.ingramcontent.com/pod-product-compliance
Lightning Source LLC
Chambersburg PA
CBHW051924210526
45473CB00006B/2129